완벽하지
않기에
인생이라
부른다

# 완벽하지
# 않기에
# 인생이라
# 부른다

## 치열하게 세상을 이겨내는 43가지 생각

· 한창욱 지음 ·

DAYEONBOOK

Prologue

# 완벽하지 않기에 살맛 나는 인생!

미국 건국의 아버지라 불리는 벤저민 프랭클린은 22세 때 완벽한 인생을 살겠다고 결심했다. 그는 13개 항목으로 된 인생의 가치관을 세웠다. 바로 절제 · 침묵 · 질서 · 결단 · 절약 · 근면 · 성실 · 정의 · 중용 · 청결 · 평정 · 순결 · 겸손이 그것인데, 그는 자신의 생활을 13주 단위로 나누어서 매주 1개의 항목에 집중했다.

가치관과 행동의 합일을 꿈꾸며 평생을 노력한 벤저민 프랭클린은 과연 완벽한 인생을 살았을까? 그는 78세 때 쓴 회고록에서 이렇게 고백한다.

'전체적으로 볼 때 완벽의 경지에는 오르지 못했습니다. 아니, 훨씬 더 못 미치는 삶을 살았죠. 하지만 노력한 덕분에 좀 더 선량하게 살 수 있었고, 좀 더 행복하게 살 수 있었습니다. 제가 완벽을 꿈꾸지 않았다면 지금보다 훨씬 더 부족한 인간으로 살았을 겁니다.'

대다수 인간이 완벽을 꿈꾼다. 그러나 이상과 현실에는 많은 차이가 있다. 완벽한 건강을 추구하지만 몸이 한두 군데쯤은 안 좋게 마련이고, 장점으로 나를 채우고 싶지만 약점을 안고 있게 마련이고, 비록 돈이 없을지라도 마음만큼은 부자로 살고 싶지만 돈 앞에 서면 궁색해지게 마련이다.

그래서 인생이 재미있는 것이다. 모든 것을 다 갖춘 채 세상을 살아간다면 무슨 재미가 있겠는가. 부족하기 때문에 잊을 수 없는 추억도 생기고, 부족한 점을 채우려고 노력하는 과정에서 한층 성숙해지고, 각고의 노력으로 마침내 꿈을 이루었을 때 가슴 벅찬 감동을 느끼는 것 아니겠는가.

인간은 생로병사로부터 자유로울 수 없는 불완전한 생명체다. 완벽하다면 인간의 삶이 아닌 신의 삶이니, '인생(人生)'이 아니라 '신생(神生)'이라 불러야 할 것이다. 따라서 우리는 자신의 부족함을 솔직히 인정하고, 타인의 결점을 끌어안아야 한다. 벤저민 프랭클린의 고백처럼 부족함을 채워나가는 과정에서 인생이 풍요로워지고 성숙해지기 때문이다.

세상이 빠르게 변화하고 있다. 자동차, 전기, 전화 등으로 대

변되던 제2차 산업혁명은 끝이 났고, 융·통합의 만물지능인터넷과 퍼스널 3D프린터 기술 등을 앞세운 제3차 산업혁명이 거침없이 밀려오고 있다. 하루가 멀게 신기술과 신개념이 등장하는 이 새로운 시대를 제대로 맞이하고 대응하려면 이에 걸맞은 생각의 변화, 생각의 이노베이션이 필요하다. 채집하고, 수렵하고, 씨를 뿌려 수확하던 시절의 마인드로는 오늘날 이 세상의 속도를 더는 쫓아갈 수 없다.

이런 시대일수록 마음의 문을 활짝 열어야 한다. 열린 마인드를 지녀야 세상의 흐름을 제대로 읽을 수 있다. 그래야 이 시대의 변화를 온전히 받아들일 수 있다. 또 그래야 나의 부족한 부분을 확실히 채울 수 있다.

인간의 가치는 얼마나 높은 이상을 갖고 있느냐에 따라 그 수준이 결정된다. 인간은 생각하는 대로 행동하는 존재이기 때문이다. 급변하는 시기일수록 높은 이상을 갖고, 꿈을 가슴 깊이 간직해야 한다. 꿈을 포기하면 남는 것은 허무와 절망뿐이다. 세월의 급류에 휘말려 흔적도 없이 사라지는 인생을 살게 될 뿐이다. 왜 승리자로 살 수 있는데 패배자로 인생을 마감하려 하는가?

『완벽하지 않기에 인생이라 부른다』는 급변하는 세상에서 성공할 구체적인 비결을, 부제에서 보듯 '세상을 이기는 생각'을 43가지로 정리하고 제시했다.

세계적 베스트셀러 작가 존 맥스웰은 흥미로운 말을 남겼다.

"사람들이 꿈을 이루지 못하는 한 가지 이유는 생각을 바꾸지 않고 결과를 바꾸고 싶어 하기 때문이다."

마음의 문을 활짝 열고 이 책을 읽는다면, 책을 덮을 때쯤 몇 가지 생각이 바뀔 것이다. 그 생각들이 쉴 새 없이 다변화하는 이 험난한 세상을 이기는 필살의 무기가 되어줄 것이다.

2014년 1월

한창욱

Contents

**We Call It Life
Because It Is Not Perfect**

# Chapter 1

43 Thoughts Which Wins The World

# 서둘러라,
# 흔적도 없이
# 사라지기 전에!

시간은 인생의 동전이다. 시간은 네가 가진 유일한 동전이고, 그 동전을 어디에 쓸지는 너만이 결정할 수 있다. 너 대신 타인이 그 동전을 써버리지 않도록 주의하라.

_ 칼 샌드버그

---

잘만 사용하면 언제나 시간이 충분했기에 나는 때때로 두 배, 세 배의 일도 해냈다. 시간은 무한히 길며 채우고자 한다면 아주 많이 들어갈 수 있는 그릇이기 때문이다.

_ 괴테

---

시간관리보다 더 중요한 것은 생각관리다.

_ 보들레르

# 01
## 늘 결심만 하는 까닭은
## 절박함이 부족하기 때문이다

인간의 뇌는 개혁 성향보다는 보수 성향이 훨씬 강하다. 심각한 위기가 찾아오기 전까지는 현재 상태를 유지하려는 경향이 있다. 그래서 오래된 연인들이 그러하듯 익숙한 것들과의 결별은 결코 쉽지 않다.

새해가 되면 너나없이 다이어트, 금연, 금주, 운동, 공부, 자기계발 등등의 결심을 한다. 그러나 일주일도 채 지나지 않아 대다수가 자신의 박약한 의지를 탓하며 머리카락을 쥐어뜯는다. 물론 의지박약도 실패 이유 중 하나지만, 근본적인 이유는 따로 있다. 결심은 순간이고, 습관은 계속되기 때문이다.

습관은 뇌의 점령군이다. 이것과 맞서 싸우기 위해서는 지속적인 공격을 퍼부을 막강한 군사가 필요하다. 우리가 흔히 하는 결심은 힘없는 시민의 순간적인 분노 같은 것이어서, 시간이 지나면 제자리로 돌아간다. 그러나 '절박한 결심'은 생존이 걸린 문제를 놓고 투쟁하는 세력과 같아서, 문제가 해결되기 전까지 절대 물러서지 않는다. 시간이 지날수록 오히려 세력을 불리기 때문에 점령군인 습관마저도 어찌할 수 없다.

고등학교 동창 K는 20년 넘게 담배를 피워왔다. 회사에서 '금연 장려금'까지 내걸며 금연을 권하자, K도 몇 차례 금연을 시도했다. 그러나 실패를 거듭했고, 한동안 자괴감에 시달리더니 아예 담배 애호가로 변신했다.

"인간은 무인도에 표류된 고독한 존재야. 가끔씩 이렇게 연기라도 피워 올려야지 불도 쬐고, 마음의 위안도 얻을 거 아냐. 혹시 또 알아? 신께서 내려다보다가 구조 신호를 발견하고 불쌍한 내 영혼을 구원해줄지⋯⋯."

그러던 어느 날, K는 종합병원에서 검진을 받았다. 검진 결과 폐에 약간의 문제가 발견되었고, 의사는 적극 금연을 권했다. K는 다음 날부터 담배는 물론이고, 술마저도 끊었다. 대신 새벽 조깅을 시작했는데 1년 뒤, 풀코스 마라톤을 3시간 이내에 완주해 사람들을 놀라게 했다.

주변에서는 K의 의지력을 높이 평가하는데, 실상 그의 의지력은 강한 편이 아니다. 담배 니코틴에 중독되어 있던 그를 구해낸 일등공신은 '절박함'이었다. 이대로 가면 생명이 위태롭다는 위기의식이 태평성대를 누리고 있던 뇌를 발칵 뒤집어놓았다. 뇌세포들은 아연 긴장했고, 시도 때도 없이 긴급회의를 열었다.

중년으로 접어들자 대인관계는 물론이고 업무마저도 익숙해져서, 하루를 어떻게 보냈는지조차 기억나지 않을 정도로 반복만 하는 생활이었다. 달팽이처럼 느릿느릿 움직이던 신경세포들이 갑자기 활발하게 정보를 주고받자, 두통을 느낀 K는 아스피린을 두 알 먹었다. 의자에 기댄 채 눈을 감고 잠시 쉬고 있는 동안에도 뇌세포들은 전략회의를 계속했다.


"이번에는 반드시 흡연파를 전멸시켜야 해! 구체적인 방법들을 제시해보도록!"

"한동안 일절 술을 마시지 못하도록 해야 합니다! 지난번 금연 때도 일주일 동안 잘 참았는데, 흡연파들이 취한 틈을 타서 습격하는 바람에 그만……."

"음, 그렇다면 이번에는 술도 같이 끊는다! 그리고 또?"

"흡연파의 세력을 견제하기 위해서 운동파를 키우는 건 어떨까요? 중독성이 강한 유산소운동을 매일 시키는 겁니다. 목표 설정만 제대로 한다면 더 잘 달리기 위해서라도 담배의 유혹을 뿌리칠 겁니다."

"마라톤이 힘든 운동인데, 과연 꾸준히 할 수 있을까?"

"달리기에 사명감을 불어넣어 준다면 해낼 수 있을 겁니다. '한창 자라는 아이들의 미래를 위해서 달린다'라는 식으로······."
"그거 괜찮군. 전두엽 쪽에 연락해서 담배 생각이 날 때마다, 건강을 잃고 쓰러진 뒤의 장면이 눈앞에 펼쳐지도록 조치해!"
"너무 압박만 하면 반발할 수도 있습니다. 채찍과 함께 당근을 내밀어야 합니다."
"어떻게?"
"매일 담배 살 돈을 모아서, 마라톤을 완주한 날 딸에게 태블릿 PC를 선물하는 겁니다. 아빠가 널 얼마나 사랑하는지 말뿐이 아닌 행동으로 증명하는 거죠."
"그럴듯한데? 내일 당장 딸에게 건네줄 카드를 사서 문구를 미리 작성하도록 해! 마음이 흔들릴 때마다 카드를 꺼내 읽으면 유혹을 뿌리치는 데 도움이 될 거야."

담배와 한판 벌이는 K의 투쟁은 그렇게 시작되었다. 위기를 느낀 신경세포들은 수시로 전략회의를 열어서 '흡연파'의 손발을 꽁꽁 묶었다. 오랜 세월 지배자로 군림해왔던 흡연 관련 신경세포들은 점점 세력을 잃었고, 1년이 지나자 몇몇 패잔병만 남기고 사멸하였다.
다이어트도 금연과 흡사하다. 배우들은 쉽게 살을 찌웠다가 영화 촬영이 끝나면 어렵지 않게 살을 뺀다. 반면 일반인의 경우 열에 아홉은 다이어트에 실패한다. 그 이유는 무엇일까? 가장 큰 이유는 바로 절박함이 없기 때문이다. 배우는 살을 빼야만 하는 분명한 이유가 있다. 그러나 일반인은 빼면 좋지만 빼지 않아도 그만이다.

만약 두 사람이 다이어트를 동시에 시작한다면 누가 성공하겠는가?

'다이어트에 성공해서 올여름에는 비키니를 입고 바닷가를 거니는 거야! 혹시 알아? 멋진 남자가 대시를 해올지……'

'내가 좋아하는 김 대리님하고 올여름에 해수욕장 가기로 약속했는데 뱃살 때문에 어떡하지? 내일부터 다이어트를 시작해야겠어!'

다이어트를 시작하면 뇌 속에는 '소식(小食)파'가 세력을 형성한다. 그러나 동기가 아무리 절박하다 해도 세력은 약할 수밖에 없다. 반면 '먹자파'는 이미 막강한 세력을 형성하고 있다. '소식파'가 전쟁에서 승리하기 위해서는 최소 8주 동안은 꾸준히 관심을 갖고 다방면에서 지원해줘야 한다.

8주를 성공적으로 버티면 '소식파'와 관련된 신경세포가 독립할 수 있을 정도로 자체 세력을 형성한다. 반면 '먹자파' 세력은 눈에 띄게 줄어든다. 그때가 되면 몸은 소식 자체를 큰 저항 없이 받아들인다. 처음보다는 음식에 대한 욕구가 많이 줄었지만 방심할 단계는 아니다. 24주가 지나야만 소식이 자연스러워져, 특별한 계기가 없는 한 소식을 계속하게 된다.

결심은 자주 하는데 소득이 없다면, 그건 절박함 부족 탓이다. 강력한 점령군인 습관과의 투쟁에서 승리하기 위해서는 절박한 이유부터 찾아야 한다. 나를 벼랑 끝에 세우는 것도 좋은 전략이다. 벼랑 끝에 서면 위기감이 해소될 때까지 결심은 사라지지 않는다. 습관이라는 점령군과 맞서 싸울 만한 막강한 군대를 확보한 셈이다. 그렇게 되면 비로소 승패는 '나의 의지'에 따라 갈리게 된다.

## 02
## 운명을 바꾸고 싶다면
## 생각의 도미노를 바꿔야 한다

인간과 침팬지의 유전자는 99.7퍼센트가 일치하고, 인간과 인간의 유전자는 99.9퍼센트가 일치한다. 쉽게 설명해서 스티브 잡스와 나의 유전자의 차이는 고작 0.1퍼센트에 불과하다. 99.9퍼센트의 유전자가 같다는 사실은 모든 인간이 동일한 조건에서 출발함을 의미한다. 그렇다면 성공하는 사람과 실패하는 사람의 차이는 무엇일까? 세세하게 따지고 들면 출생했을 때의 환경, 성장 과정, 교육, 인맥 등등 여러 가지가 있겠지만 그 뿌리를 파고 들어가면 '생각의 차이'가 모습을 드러낸다.

인간의 뇌는 1,000억 개의 뉴런(신경세포)과 100조 개의 시냅스로 연결되어 있다. 1,000억 개의 뉴런은 방에 놓인 가구처럼 그 자리에 그대로 머물러 있지 않는다. 사용하지 않는 뉴런은 사멸되고, 자주 사용하는 뉴런은 새로 생성되어 세력을 형성한다.

성공하는 사람들이 지닌 공통점 중 하나는 상황에 나를 맡기지 않고, 내가 상황을 통제한다는 점이다. 그래야 더 편안한 마음으로 일에 매진할 수 있기 때문이다. 목표를 세우고, 구체적인 계획을 짜고, 많은 시간을 투자해가면서 목표를 향해 한 발, 한 발 나아간다. 그 과정에서 목표와 관련된 뉴런이 생성되고 시냅스로 촘촘하게 연결되면서 마침내 성공 마인드를 지니게 된다.

성공 마인드가 갖춰지면 '생각의 도미노'가 바뀌게 된다.

성공 마인드가 부족한 사람은 무슨 일을 하다가 실패할 경우, '내가 하는 일이 늘 그렇지, 뭐!', '난 안 돼! 분명 일 년 안에 파산하고 말 거야!', '시간과 돈만 낭비하지 말고 당장 때려치워!'라는 생각이 도미노처럼 이어진다.

그러나 성공 마인드가 풍부한 사람은 '괜찮아, 괜찮아!', '실패는 성공 확률을 점점 높여나가는 확실한 방법이야!', '그런데 어디서부터 잘못된 걸까?' 하고, 점점 문제를 해결하기 위한 쪽으로 생각의 도미노가 이어진다.

가벼운 생각은 도미노 길이가 짧다.

'와아, 예쁘다!' → '말 한번 걸어볼까?' → '에이, 관두자!'

반대로 중요한 생각은 도미노 길이가 길다.

'이제 서른다섯인데 갑작스레 실직을 하다니…….' → '가족을 어떻게 먹여 살리지?' → '직장을 새로 알아봐야 하나?' → '차라리 이번 기회에 사업을 시작해볼까?' → '사업을 한다면 뭘 하지?'

난관에 봉착할수록 생각의 도미노는 길게 이어지고, 그 과정에서 이해는 넓어지고 생각은 깊어진다. 어떤 상황이나 문제에 봉착했을 때 떠오르는 '첫 번째 생각'은 대개 본능적이다. 이성적인 생각이나 판단은 그다음부터다. 그래서 '첫 번째 도미노'가 넘어지는 방향이 대단히 중요하다. 인간의 운명은 '두 번째 도미노'에 달려 있다고 해도 과언이 아니다.

운명을 바꾸고 싶다면 인생 전반을 바라보며 '어떻게 살 것인가?'를 먼저 결정해야 한다. 비록 작은 연봉을 받더라도 감사하는 마음으로 살 것인지, 성과를 최대한 올려 회사에서 인정받는 인재로 성공할 것인지를 결정해야 한다.

'퇴근 시간이군.' → '눈치가 보이기는 하지만 퇴근하자.' → '오늘은 금요일이니까 저녁을 먹고 아내와 탁구를 쳐야 해.' → '같이 운동을 하니까 다이어트도 되고, 부부관계도 좋아지고 일석

이조네!'

돈이 많아야 행복한 삶을 사는 것은 아니다. 실업률이 높은 시기에는 직장에 다닌다는 것만으로도 충분히 행복할 수 있다.

'퇴근 시간이군.' → '아직 해야 할 일도 남았는데……' → '어제도 야근했더니 오늘은 좀 피곤하네.' → '하지만 이번 프로젝트가 반드시 성공해야만 승진할 수 있어!' → '열 시 전까지 끝낼 수 있을까?'

육체는 정신에 의해서 좌우된다. 그래서 운동선수들은 시합 전 이미지트레이닝을 통해 정신과 육체를 강화시킨다.

생각은 일종의 습관이다. 따라서 대다수는 도미노가 넘어지는 방향도 정해져 있다. 만약 현재의 삶이 불만족스럽다면 툴툴거리지만 말고 마인드 자체를 바꿔야 한다. 마인드를 바꿔야 생각의 도미노도 바꿀 수 있고, 운명 또한 바꿀 수 있다.

성공을 향해 달려가는 사람들은, 뇌는 물음을 던지면 스스로 답을 찾으려는 속성이 있다는 사실을 경험을 통해 잘 알고 있다. 그들은 생각의 도미노를 이용해 어려운 문제를 풀고 난관을 극복한다.

미국 28대 대통령 윌슨은 이렇게 말했다.

"운명에는 '우연'이 없다. 인간은 어떤 운명을 만나기 전에 벌써 스스로 그것을 만들고 있는 것이다."

사실, 우리가 싸워야 할 상대는 운명이 아니다. 첫 번째 생각이 떠올랐을 때 '생각의 도미노를 어느 쪽으로 쓰러뜨리느냐?'와의 싸움이다.

03
## 치열하지 못하면
## 치사해진다

세상이 빠르게 변하고 있다.

경제전문지 <이코노미스트>는 'IT에 기반을 둔 제3차 산업 혁명이 시작되었다'는 논지의 기사를 실었는가 하면, 펜실베이니아대학 와튼스쿨 교수인 제레미 리프킨은 아예 『3차 산업혁명』이라는 제목으로 책을 출간하기도 했다. 일부에서는 현대 사회의 특징으로 IT(정보 기술), NT(나노), CT(인지과학), BT(생명공학) 등의 발달을 꼽으며 '창의융합 시대'가 열렸다고 주장한다.

아무튼 '3차 산업혁명'이든 '창의융합 시대'이든 간에 세상이 요동치고 있는 것만은 분명하다. 제레미 리프킨이 3차 산업혁명을 이끌어갈 주인공으로 꼽은 3D프린터는 지금까지와는 전혀 다른 생산과 소비가 이루어질 것을 예고하고 있다. 만약 개인용 컴퓨터처럼 3D 프린터가 대중화된다면 집에서 3D프린터를 통해 악기, 의상, 보석 등은 물론이고 자동차나 비행기까지 출력할 수 있게 된다. 그렇게 되면 기업은 지금처럼 완성된 제품을 생산해서 파는 게 아니라 재료와 설계도면을 팔아서 이익을 창출해야 한다.

탄생에는 반드시 어느 정도의 고통은 수반되게 마련이다. 세상이 바뀌면서 소비자들의 삶 패턴도 바뀌었고, 또 계속해서 바뀌어가고 있다. 그 과정에서 변화를 따라가지 못한 수많은 기업과 자영업자가 줄줄이 도산했다. 물론 삼성이나 구글, 페이스북처럼 변화에 성공한 몇몇 기업은 호황을 누렸다. 그러나 일부 기업의 성공만으로는 세계경기의 침체를 막기에는 역부족이다. 세계 각국의 정부는 '일자리 창출'을 주요 공약으로 내걸고 있으나 높은 실업률은 좀처럼 하락할 줄 모르고 있다.

이런저런 이유로 마음에 상처 입은 사람이 늘어나자 지식인과 종교인은 물론이고 매스미디어까지 '마음 의사'를 자청하며 팔을 걷어붙이고 나섰다. 지식정보화 시대답게 전파 속도 또한 빨라서 세상은 순식간에 '힐링 열풍'에 휩싸였다.

힐링(healing)이라……

나쁘지 않은 현상이다. 우리 사회의 화합이나 발전을 위해 반드시 필요한 수순이다. 높이 쌓기 위해서는 바닥을 넓게 다져야 하고, 빨리 가기 위해서는 가끔은 멈춰 서서 전열을 정비할 필요가 있다.

그동안 고성장 위주의 정책으로 인해 국민 모두가 얼마나 분주하게 살아왔는가. 일을 서두르다 보면 중요한 사실을 간과하거나 개인의 아픔쯤은 무시되기 십상이다. 그 과정에서 발생한 사회 부작용뿐만 아니라 개개인의 상처도 치유하고, 더욱 홀가분해진 상태에서 새로운 시대로 넘어갈 필요가 있다. 그런데 문제는 '힐링 열풍'이 필요 이상으로 오래 지속되고 있다는 데 있다.

시합에서 패한 선수를 끌어안고 "괜찮아, 괜찮아!" 하며 달래주는 건 의미 있는 일이다. 그러나 계속 끌어안고 있어서는 안 된다. 힐링의 참된 목적은 마음의 상처나 스트레스로 인한 육체적 긴장을 풀어서 좋은 컨디션을 되찾고자 하는 데 있다. 컨디션을 되찾았으면 일상으로 돌아가야 한다. 긴 여정을 모두 마쳤다면 몰라도 '꿈의 지도' 위를 한창 걸어가고 있는 중이라면, 몸과 마음을 추슬러서 다시 길을 떠나야 한다. 그래야 다음 시합을 준비할 수 있지 않겠는가.

도대체 언제까지 마음의 위안만 얻고 있을 셈인가. 이제는 모두가 제자리로 돌아가야 할 때다. 일자리를 구할 수 없다면 창업을 강구해야 하고, 공격적인 영업에도 매출이 계속 줄고 있다면 머리를 싸매고 새로운 방법을 찾아내야 한다.

주어진 시간에 해야 할 일을 마치지 못하면 변명을 늘어놓게 되듯 치열하게 살지 못하면 치사해지는 게 세상 이치다. 20대에 치열하게 살지 못하면 30대에 치사해지고, 30대에 치열하게 살지 못하면 40대에 치사해지고, 40대에 치열하게 살지 못하면 50대에 치사해진다.

안철수는 '치열함'에 대해 이렇게 말했다.

"어떤 일을 하든 치열하게 할 필요가 있다. 치열함은 사람의 핏속에 녹아 들어가고, 그 사람의 몸속에 흐르게 되어, 점점 그 사람을 만들어나간다."

'경영의 신'으로 불리는 이나모리 가즈오도 생각이 비슷하다.

"원하는 것을 이루기 위해서는 자나깨나 그것을 생각해야 한다. 머리에서부터 발끝까지 그 생각으로 가득 채워서, 피 대신 생각이 흐르게 해야 한다."

치열하게 매달리다 보면 뇌에 관련 뉴런들이 생성되고, 연결 역할을 하는 시냅스가 다른 신경세포와 왕성하게 상호 교류하면서 새로운 아이디어를 생성해내고, 마침내 성공의 길로 안내한다.

세상은 치열하게 살아가는 자들의 것이다. 치열함을 잊어버리면 그 어떤 기업도 미래를 낙관할 수 없다. 삼성의 이건희 회장이 틈날 때마다 '위기론'을 꺼내드는 이유도 치열함을 잊어버리는 순간, 이류기업으로 전락한다는 사실을 잘 알고 있기 때문이다.

하버드대학 교수이자 심리학자인 엘렌 랭거는 '과거의 성공 전략이나 경험에 집착해서 시장의 변화를 따라가지 못하면 망한다'는 '성공 함정(success trap)'이라는 개념을 제시했다. '경영학의 구루'로 불리는 찰스 핸디도 일찍이 "성공의 역설 중 하나는 당신을 그곳까지 오게 해준 방법들이 계속 그 자리에 머물러 있지 못하게 한다는 것이다"라고 말하지 않았던가.

파티는 이미 끝났다. 수평선 저 너머에서 새로운 태양이 떠오르고 있다. 지금은 치열하게 일해야 할 시간이다. 이미 흥도 깨져버린 파티장에서 언제까지 그렇게 취한 채 서성거릴 셈인가.

오늘 걷지 않으면 내일은 뛰어야 하고, 오늘 치열하게 살지 못하면 내일은 울어야 한다. 어제는 지나갔다. 거울 앞에서 눈가에 묻은 눈물 자국을 닦아라. 지금은 느슨해진 마음을 다잡고, 신발 끈 질끈 동여맨 뒤 다시 세상으로 나가야 할 시간이다.

## 04
## 시간에 쫓긴다면
## 목표 설정을 다시 하라

지식정보화 시대의 특징 중 하나는 시간 낭비다. 수많은 현대인이 시간 부족에 허덕이면서 아까운 시간을 낭비하고 있다. 텔레비전, 컴퓨터, 인터넷, 휴대전화 같은 디지털 기기의 대중화와 함께 모바일 서비스의 발달로 인해 빚어진 현상이다.

SNS(Social Network Service)를 이용하거나 게임 등을 하다 보면 두세 시간쯤은 흔적도 없이 증발한다. 처음에는 도대체 내가 뭘 했나 싶어 반성하기도 하지만 이내 익숙해지면 '시간 낭비'를 당연시한다. 2013년 4월에 보고된 '한국인의 일일 스마트폰 평균 사용 시간(업무 관련 사용 시간 제외)'은 2.9시간에 이르는 것으로 나타났다. 스마트폰에만 무려 3시간 가까운 시간을 낭비하고 있으니, 디지털 기기 사용 시간을 모두 합치면 얼마나 많은 시간을 낭비하는지 미루어 짐작할 수 있으리라.

2010년 미국의 카이저가족재단(KFF)은 흥미로운 보고서를 내놓았다. 대졸 이상의 고등교육을 받은 부모의 자녀인 경우에는 디지털 기기를 하루 10시간 남짓 사용하는 반면, 대학 학위가 없는 부모의 자녀인 경우에는 11시간 30분을 사용하는 것으로 드러났다.

1990년대 중반, 미국의 정책 입안자들은 디지털 기기의 등장으로 인한 '정보 격차'를 우려했다. 부자들이 고급 정보를 독차지함으로써 정보 격차가 벌어지고, 이로 인해 '부익부 빈익빈 현상'이 고착화될 수도 있다는 판단을 내렸다. 그들은 정보 격차 해소 차원에서 저소득층도 최신형 컴퓨터를 접할 수 있는 교육기관을 설립하고, 전문가의 무료교육을 받을 기회를 제공했다.

그러나 디지털 기기가 대중화되고 접근성이 수월해지면서 정부가 우려했던 '정보 격차'는 기우에 그치고 말았다. 예상과는 달리 디지털 기기를 교육이나 수익 창출 같은 생산적인 곳에 사용하는 사람은 극소수였고, 대다수가 엔터테인먼트를 통한 개인적인 호기심을 충족시키는 용도로 사용한 것이다.

일찍이 폐해를 깨달은 중·상류층 부모는 아이가 디지털 기기를 유용한 곳에 사용하도록 감시하고 통제했다. 반면 맞벌이 부부나 편부, 편모 밑에서 자라 감시가 소홀할 수밖에 없는 중·하류층 아이들은 디지털 기기 사용에 더 많은 시간을 낭비했다. 결국 <뉴욕타임스>가 2012년 5월 29일 기사에서 지적한 대로 디지털 기기의 출현은 '정보 격차'가 아닌 '시간 낭비의 격차'를 낳았을 뿐이다.

인간의 뇌는 많은 세포가 모여 사는 고도로 복잡한 사회라고 할 수 있다. 그 때문인지 뇌는 무료함을 견디지 못한다. 사방이 닫힌 방에서 아무것도 하지 않고 있으면 무료함을 견디지 못해 스스로 환상을 만들어낼 정도다.

궁금한 일이라면 불나방처럼 달려드는 뇌의 왕성한 호기심 덕분에 인류문명은 꾸준히 발달해왔고, 뉴턴이나 에디슨 같은 수많은 위인이 탄생했다. 그러나 정보가 홍수처럼 쏟아지는 지식정보화 시대에 접어들면서 뇌를 제어해야 할 필요성이 제기되고 있다. 예전 방식대로 호기심을 충족시키도록 뇌를 방치해 두었다가는 잡다한 호기심에 이끌려 귀한 시간만 하염없이 잡아먹기 때문이다.

뇌과학의 발달과 함께 인간의 호기심은 수익 창출을 위해 공략해야 할 대상으로 인식되고 있다. 개발자에게 엄청난 부를 안겨준 트위터나 페이스북도 인간의 호기심에 힘입어 빠르게 확산되었고, 호기심을 최대한 자극한 각종 게임이나 애플리케이션 역시 계속 놀라운 성공을 거두고 있다.

이제 제품을 기획하거나 프로그램을 제작할 때 인간의 호기심은 고려해야 할 여러 가지 항목 중에서도 우선순위에 올라 있다. 시청자들의 사랑을 받고 있는 디스커버리 채널 제작자들은 프로그램을 기획하고 판단할 때 네 가지 질문을 던진다.

"호기심을 충족시키는가?"

"작품의 질은 뛰어난가?"

"시청자를 감동시키는가?"

"또 다른 호기심을 낳게 하는가?"

호기심과 관련된 항목이 무려 절반이나 된다. 영화나 연속극 제작자도 사정은 마찬가지다. 포털사이트에 기사를 올리는 기자가 제목을 뽑을 때는 물론이고, 각종 광고나 홍보물 제작자 역시 인간의 호기심을 자극할 방법을 찾기 위해 고심한다.

한마디로 요약하다면 생산자들은 소비자들의 지갑을 열기 위해 호기심에 약한 뇌를 집중 공략하고 있는 중이다. 적절한 대비책 없이 무방비 상태로 살다가는 속수무책으로 당할 수밖에 없다.

디지털 기기 판매 광고나 모바일 서비스 광고는 밝고 따뜻하다. 사용자나 예비 사용자에게 시대를 앞서 가고 있다는 자부심을 심어줌과 동시에 가족이나 친구에게 둘러싸여 있는 것 같은 안도감을 준다. 그러나 그것들 역시 달콤한 착각이다. 현실에서는 과다한 디지털 기기 사용으로 인해 가족 간의 친밀도가 떨어지고, 청소년들의 커뮤니케이션 능력이 저하되고 있다는 보고서가 속속 발표되고 있는 실정이다.

19세기 프랑스의 시인 샤를 보들레르는 일찍부터 인간이 지닌 속성을 눈치채고는 흥미로운 명언을 남겼다.

"우리의 거의 모든 삶이 어리석은 호기심에 낭비되고 있다."

만약 지식정보화 시대를 살아가고 있는 우리의 모습을 본다면 그는 분명 이렇게 말하리라. "우리는 소중한 삶을 송두리째 어리석은 호기심에게 바치고 있다"라고……. 하루가 어떻게 가는지 모르겠고, 해야 할 일은 많은데 시간에 쫓기고 있다면 호기심 천국에서 한시라도 빨리 탈출해야 한다.

그렇다면 디지털 기기 사용 시간을 줄여야 하는 걸까? 물론 그것도 하나의 방법이다. 중독을 스스로 인정하고, 환경을 바꾸고, 도움을 줄 수 있는 사람을 가까이 한다면 사용 시간을 줄일 수는 있다. 그러나 완벽하게 탈출하기 위해서는 오랑캐는 오랑캐로 제압하고 독은 독으로 다스려야 한다는 옛말처럼, 뇌세포는 뇌세포로 다스려야 한다.

명확하고 실천 가능한 목표를 세워서, 뇌의 가장 높은 곳에 깃발처럼 꽂아둘 필요가 있다. 틈날 때마다 올려다보며 실천 방법을 강구하다 보면, 새로운 뇌세포가 깃발 아래 모여서 새로운 세력을 형성하게 된다. 세력이 강해지면 비로소 디지털 기기를 생산적인 곳에 사용할 수 있다.

목표가 있음에도 불구하고 호기심 천국에서 헤매고 있다면? 그것은 목표 자체가 비현실적이거나 치열함이 부족해서 가속도가 붙지 않았기 때문이다.

목표가 분명한 사람은 방황하지 않는다! 시간을 효율적으로 사용하고 싶다면, 디지털 기기의 노예가 아닌 주인으로 살아가고 싶다면 더욱 명확한 목표를 세워야 한다.

## 05
기품 있는 새가
높이 난다

대기업에 근무하는 L 부장은 중소기업을 운영하는 K 사장과 만나기로 약속했다. 신제품 납품 계약을 앞두고, 납품 조건을 사전에 조율하기 위한 목적이었다.

L 부장은 인터넷으로 회사 자료실에 접속해서, 납품업체 명단 중에서 K 사장이 운영하는 회사를 찾아 클릭했다. 여러 항목 중에서 제일 먼저 회사와 K 사장의 평판부터 살폈다. 협력업체의 비리나 사장의 부도덕한 행위로 인해서 본사에 폐를 끼치는 사례가 빈번했기 때문이다.

K 사장이 운영하는 회사의 재정 상태는 양호했고, 본사 기여도는 높은 편이었고, 생산 공정 시설은 무난했고, 품질관리가 잘되어 제품 불량률은 낮았다. 전체적인 평점도 높아서 본사와

함께 지속 성장이 가능한 우수한 협력업체군에 속했다.

자료를 마지막으로 업데이트한 날짜를 확인하니 5개월 전이었다. 혹시나 몰라 포털사이트를 통해 최근 동향을 체크했지만 특이 동향은 발견되지 않았다. 마지막으로 온라인과 오프라인 인맥을 통해 K 사장의 과거 및 가족관계, 취미, 최근의 관심사 등을 파악하여 수첩에 적었다.

'음! 10개월 전부터 배드민턴을 시작했다면 한창 빠져 있을 때군.'

L 부장은 인터넷으로 '배드민턴'에 대해 간략하게 공부하고 난 뒤, 약속 장소로 향했다.


지식정보화 시대는 '열린사회'다. 타인에 대한 정보를 습득하기 쉬운 것처럼 '나의 정보'도 마찬가지로 오픈되어 있다. 과거에는 부정을 저질러도 몇 사람만 눈감아주면 되었기 때문에 한창 잘나가는 사람들은 무소불위의 권력을 휘둘렀다.

그러나 세상이 변했다. 잘나갈 때일수록, 높은 자리에 오를수록 행동과 말을 조심해야 한다. 많은 사람이 지켜보고 있기 때문이다.

행동 한 번 잘못해서, 말 한마디 잘못한 죄로, 순간의 유혹을 이겨내지 못해 얼마나 많은 유명인이 추락했는가. 그들이 그 자리에 오르기까지 쏟았던 인내와 땀을 생각하면 추락은 찰나와도 같아서 허망할 지경이다.

실수하지 않기 위해서는 극도로 몸조심을 해야 한다. 그러나 몸조심만이 능사는 아니다. 튀어야만 성공할 수 있는 구조이기 때문이다. 아무 행동도 하지 않고, 아무 말도 하지 않고 얌전히 있으면 세상 울타리 밖으로 서서히 밀려나고, 결국 사람들 기억 속에서 영영 잊히고 만다.

성공하기 위해서는 무대 중앙에 서야 한다. 그러기 위해서는 톡톡 튀는 매력을 지녀야 하며, 약점 또한 없어야 한다. 무대 중앙에서 끌어내리기 위해 수많은 적이 호시탐탐 노리고 있기 때문이다.

그러다 보니 요구되는 덕목이 바로 '인품'이다. 인품은 수많은 사람의 마음을 꿰뚫는 '창'임과 동시에, 적의 예리한 공격을 막아줄 수 있는 훌륭한 방패다. 가식은 오래가지 못한다. 빨강 볼펜이 검정 볼펜 껍질을 뒤집어쓰고 있다고 해도 언젠가는 빨간 잉크가 새어나오게 마련이다.

중국 최대의 주방기기 회사인 팡타이그룹의 가치 이념은 '삼품합일(三品合一)'이다. 인품, 기품(기업의 품위), 제품이 하나가 되어야 한다는 것이다. 그중에서 가장 강조하는 덕목이 바로 인품이다. 인품을 갖추지 못하면 기품과 제품 또한 갖출 수 없으니, 존경받는 기업으로 살아남기 위해서는 경영인은 물론이고 구성원 개개인이 인품을 갖춰야 한다고 강조한다.

이렇듯 기업마저도 '인품'을 강조하는 세상이다. 권모술수가 통하던 시대는 이제 끝났다. 착한 사람, 착한 기업이 인정받고 사랑받는 세상이 열리고 있다.

실감나지 않으면 눈을 감고서 국민이 좋아하는 정치인이나 국민에게 오랜 세월 사랑받는 유명 연예인의 얼굴을 떠올려보라. 분명 그는 온화한 인품을 지니고 있으리라.

온화한 인품을 지닌 인물이 사랑받는 건 당연하다. 17세기 스페인 작가인 벨타사르 그라시안이모랄레스가 "온화한 인품보다 더 사랑스런 것은 없으며, 그보다 더 애정을 불러일으키는 것도 없다"고 하지 않았던가. 열린사회인 지금이야 더 말해 무엇하겠는가.

과거에는 인품이라곤 눈곱만큼도 없는 수전노들이 수단과 방법을 가리지 않고 돈을 모아 큰 부자가 되기도 했다. 그러나 이제 그런 방법은 통하지 않는다. 만약 비열한 수단으로 타인의 눈에 눈물이 흐르게 했다가는 곧바로 인터넷에 오르게 되고, 구설수에 휘말려 온갖 비난을 감수해야 한다.

인품은 성공을 꿈꾸는 사람이라면 반드시 갖춰야 한다. 가짜 인품은 싸구려 그릇처럼 하루아침에 뚝딱 만들 수 있지만 훌륭한 인품은 완성되기까지 오랜 시간이 걸린다. 훌륭한 인품을 갖추기 위해서는 지금부터라도 바른 생각을 하고 바른 몸가짐을 지니려고 노력하며, 독서와 사색을 생활화해야 한다.

인품은 새의 날개와 같다. 작은 날개를 지닌 새는 낮게 날고, 큰 날개를 지닌 새는 높이 난다. 바람결을 타고 창공을 유유히 날아가는 독수리에게는 참새에게서 느낄 수 없는 기품이 있다.

또한 인품은 향기와 같다. 전신에서 아름다운 향기가 뿜어져 나온다면 벼랑 끝에 대롱대롱 매달려 있을지라도 누군가 구하러 올 것이며, 썩은 향기가 뿜어져 나온다면 가장 높은 자리를 물려받을지라도 이내 내팽개쳐질 것이다.

## 06
## 사명감을 지녀야
## 잠재 능력이 발휘된다

"직장생활 재미있어요?"

"재미있어서 다니나요? 먹고살려고 마지못해 다니는 거죠!"

오랜만에 만나 물어보면 멋쩍은 웃음을 흘리며 이렇게 대답하는 이들이 적지 않다. 당사자로서는 솔직한 고백일지 몰라도 듣는 사람 입장에서는 왠지 모르게 맥이 풀린다. 농구공을 무심코 바닥에 떨어뜨렸는데, 튀어오르지 않고 푹 꺼져버린 느낌이다.

얼마 전 취업포털 커리어에서 직장인 732명을 대상으로 설문 조사를 했는데, 회사를 다니는 이유에 대해 생계유지를 꼽은 사람이 60.7퍼센트에 달했다. 또한 전체 응답자 중 86.9퍼센트는 '기회가 있다면 이직하겠다'고 대답했다.

직업이란 경제생활을 영위하는 수단임과 동시에 자아실현의 수단이며, 더 나아가서는 사회 발전에 기여하는 수단이다. 그런데 60.7퍼센트가 '생계유지를 위해서' 직장생활을 하고 있다는 사실은 직업이 단순히 경제생활을 영위하는 수단으로 전락해버렸음을 의미하고, 무려 86.9퍼센트가 이직을 희망하고 있다는 사실은 직업에 대한 만족도가 낮음을 의미한다.

경제에 대한 인류의 관심은 채집경제에서 생산경제로 바뀌면서 부락을 이루어 살기 시작한 신석기 시대 이후로 꾸준히 상승해왔다. 경제에 대한 관심은 이제 그 정점에 와 있다 해도 과언이 아니다. 모든 문제를 경제논리로 해결하려는 의식이 팽배하다 보니 부작용 또한 적지 않다. 인류 역사상 최대의 물질적 풍요를 누리면서도 정작 개개인은 행복한 삶을 영위하지 못하는 게 지금 우리 시대의 실상이다.

물질적 풍요와 함께 정신적 풍요를 누리고 싶다면 의식적으로라도 생각을 바꿀 필요가 있다. 생각이 바뀌면 삶도 바뀐다. 딱히 즐거운 일이 생겨서 즐거운 게 아니라, 즐겁다고 생각하다 보면 실제로 즐겁게 느껴지고 즐거운 일이 일어난다.

우리는 직장생활을 하며 인생의 대부분을 소비한다. 직장생활이 불행하다면 행복은 요원할 수밖에 없다. 직업에 대한 생각 자체를 바꿔야만 삶이 행복해진다. '월급을 받으니까 마지못해 일한다'라는 생각을 지닌 소방관보다는 '시민의 생명과 재산을 지킨다'는 사명감으로 일하는 소방관이, '더럽고 치사해도 먹고 살기 위해서 일한다'는 청소부보다는 '깨끗하고 아름다운 도시를 내 손으로 가꾼다'는 사명감을 지닌 청소부가 행복하리라는 것은 자명하다.

사회적으로 성공하는 비율을 보더라도 사명감을 지닌 사람의 성공률이 그렇지 못한 사람보다 압도적으로 높다. 사명감이 없으면 매사에 수동적이어서 자신의 능력을 제대로 발휘할 수 없다. 반면 사명감을 지니면 매사에 능동적으로 변해, 창의력이 발휘될 수 있도록 뇌가 활성화됨으로써 능력 이상의 일을 해내게 된다.

또한 사명감이 없으면 꿈에서 멀어진다. 반면 비록 꿈과 다소 거리가 있다 하더라도 직업에 대한 사명감을 갖고 있으면 꿈을 이루는 길을 모색할 수 있고, 언젠가는 그 꿈을 이루게 된다.

심리학자들의 연구에 의하면, 사명감은 인간의 잠재 능력을 끌어내는 데 중요한 역할을 한다. 조직원들이 사명감을 지닐 경우 기업의 성장 속도가 빨라지고 조직원들의 충성도 또한 높아지는 것으로 나타났다. 그러자 기업들은 앞다퉈 '가치 이념', '브랜드 이상', '가치 경영' 등등의 이름 아래 조직원들에게 사명감을 지닐 것을 주문하고 있다.

1958년 대학생이었던 카니 형제가 창업한 피자헛의 가치 이념은 '가족과 친구들이 소중한 시간을 보낼 수 있는 장소를 제공하자'이다. 이 조직의 구성원들은 단지 한 끼를 때울 음식을 제공하는 게 아니라 '소중한 시간을 보낼 장소를 제공하기 위해서', 그 시간을 더욱 특별하게 해주고 함께 즐길 수 있는 공간을 마련해주기 위해서 일하고 있다.

할리 데이비슨의 가치 이념은 '모터사이클링이라는 특별한 경험을 통해 우리 모두의 꿈을 실현해나간다'이다. 조직원들은 단지 값비싼 모터사이클을 생산하고 판매하는 게 아니라 '우리 모두의 꿈을 실현하기 위해서' 일하고 있다. 이들의 사명감은 회사나 공장에만 머무는 것이 아니라 할리 데이비슨을 구매하는 소비자들의 꿈으로 이어진다. 할리 데이비슨은 멋진 모터사이클뿐만 아니라 '특별한 경험', '우리 모두의 꿈'을 함께 생산해서 팔고 있다.

150년 전통의 루이뷔통은 '인생 여행의 동반자'라는 가치 이념을 갖고 있다. 만약 가치 이념이 '값비싼 가방을 많이 팔아 최대한 이익을 남긴다'라면 조직원들의 모든 업무는 탐욕스런 행위에 불과할 뿐이다. 그러나 사람들에게 꼭 필요한 '인생 여행의 동반자'를 붙여주는 일이라면 사명감을 갖고서 신 나게 일해볼 만하지 않겠는가?

인간에게는 가치 있는 일을 하고 싶다는 잠재의식이 있다. 직장생활이 불만스러운 까닭은 일이 나의 발전에 도움이 되지 않을뿐더러 가치 있는 일도 아니라는 생각을 은연중에 품고 있기 때문이다.

세상일은 보는 사람의 생각에 따라 그 가치가 변하게 마련이다. 개인의 사명감이든 직업적인 사명감이든지 간에 일단 사명감을 가지면 일을 대하는 태도가 달라진다.

성공하고 싶다면 더 좋은 직장을 기웃거릴 게 아니라 사명감을 지녀야 한다! 당신이 지금까지 성공하지 못한 까닭은 직장운이 없어서가 아니라 제대로 일하지 않았기 때문이다.

## 07
## 기본기에 충실해야
## 재능을 꽃피울 수 있다

"기본에 충실하라!"

세계적인 광고대행사 오길비 앤 매더의 창업자로서 '현대 광고의 아버지'라 불리는 데이비드 오길비가 자주 했던 말이다. 그는 최고의 광고를 추구했지만 최고의 광고를 만드는 사람이 되기 위해서는 기본기를 갖춰야 한다고 믿었다.

인재를 선발할 때, 그는 광고인이라면 기본적으로 갖춰야 할 덕목부터 체크했다. '정직한가?', '즐거운 마음으로 일하는가?', '전문가로서의 자신감을 갖고 있는가?', '품격을 갖추고 있는가?' 등등……. 업무 능력은 그다음이라고 생각했다.

기초 공사에 부실하면 높은 건물을 올릴 수 없듯이, 어떤 분야든지 간에 기본기가 없다면 성장하는 데 한계가 있다. 그럼에도 불구하고 한국 사회가 '모로 가도 서울만 가면 된다'는 식으로, 과정보다는 결과를 중시하는 풍토이다 보니 은연중에 기본기를 무시한다. 공부를 시키는 근본적인 이유는 인재를 키우기 위함인데도 인성 교육은 무시한 채 성적 위주의 학습만을 강요한다. 또한 사회적으로 성공을 거둔 사람의 경우에는 비열했던 수단마저도 미화하는 경향이 있다.

오죽하면 히딩크 감독이 국가대표팀을 맡고서 중점을 두었던 덕목이 체력 훈련이었겠는가. 결과만 중시하다 보면 수비수

는 방어를 잘하고, 공격수는 골만 잘 넣으면 된다는 식으로 생각하기 쉽다. 그러나 축구는 90분을 쉬지 않고 뛰어야 한다. 기본적으로 선수들의 체력이 일정한 수준에 올라와 있지 않으면 아무리 감독이 제갈공명이라고 해도 전략과 전술을 쓸 수가 없다.

기본기는 끝없는 연습을 통해 길러진다. 만약 서비스업을 한다면 '친절', '청결', '정확'은 기본이다. 그러나 태어날 때부터 웃으면서 사람들을 대하고, 사업장을 청결하게 유지하고, 일을 신속하고 정확하게 처리하는 사람은 많지 않다. 반복되는 훈련을 통해 몸에 익히고, 그것이 몸에 완전히 배었을 때 비로소 전문가로 거듭나는 것이다.

예술 분야라고 해도 예외는 아니다. 작가든 화가든 간에 기본기를 갖추지 못하면 대성할 수 없다. 피아니스트의 기본기는 역시 연습이다. 세계적인 피아니스트인 아르투르 루빈스타인은 유명한 명언을 남겼다.

"하루를 연습하지 않으면 저 자신이 알고, 이틀을 연습하지 않으면 평론가들이 알고, 사흘을 연습하지 않으면 관객이 압니다."

모든 기본기는 끝없이 반복되는 연습과 자아성찰을 통해 서서히 갖춰진다. 재능은 기본기가 탄탄할 때, 그 위에서 비로소 싹트는 것이다. 전문가가 되기 위한 '일만 시간의 법칙'이나, 하나의 동작을 완전하게 소화해내기 위한 김연아의 '일만 번의 연습' 등은 성공하는 데에서 기본기가 얼마나 중요한지를 말해 주고 있다.

네 번의 올림픽에 참가해 스물두 개의 메달을 획득함으로써, 근대올림픽 116년 역사상 가장 많은 메달을 딴 선수로 기록된 마이클 펠프스라고 해서 예외일 수 없다. 그는 7세 때 '주의력 결핍 과다행동장애(ADHD)'를 다스리기 위한 목적으로 수영을 시작했는데, 물속에 얼굴을 담는 행위조차 두려워해 자유형부터 시작했다. 2008년 베이징올림픽이 끝난 뒤 NBC와의 인터뷰에서 "8관왕이 되기 위해서 필요한 것이 무엇인가?" 하고 묻자, 그는 "먹고, 자고, 수영하는 것이다"라고 대답했다.

지금은 마치 '수영의 신'처럼 불리고 있지만 15세 때 참가한 2000년 시드니올림픽에서 그는 노메달의 수모를 맛보았다. 그는 좌절하지 않고 오늘이 며칠인지, 몇 시간을 연습했는지도 모른 채 수영에만 몰두했고, 그 결과 재능을 활짝 꽃피웠다.

일이 제대로 풀리지 않는다면, 운이 따르지 않는다고 투덜거리지 말고 기본기부터 닦아라. 우리가 지구에 살고 있는 한 노력하다 보면 반드시 기회가 찾아온다.

지구는 한시도 제자리에 머물러 있지 않는다. 24시간에 한 바퀴씩 자전하며, 365일에 걸쳐 태양 주변을 한 바퀴 공전한다. 밤낮이 생기고, 계절이 바뀌는 이유도 그 때문이다. 우리가 살고 있는 세상 역시 지구처럼 끝없이 자전하며 공전하고 있다.

어느 날 갑자기 지구가 멈추지 않는 한 이 세상에 영원한 것은 없다. 지금은 한창 무대 중앙에서 스포트라이트를 받으며 잘 나가는 사람이나 기업도 머지않아 화려했던 영광을 뒤로한 채, 무대 뒤편으로 사라져야만 한다. 그들이 서 있던 자리는 끝없는 연습과 성찰을 통해 묵묵히 자신의 부족한 점을 채워왔던 사람들이 차지하게 된다. 무대 중앙에서 얼마나 오랫동안 머물 수 있느냐는 기본기가 얼마나 탄탄한가에 의해 결정된다.

낮과 밤처럼 혹은, 계절의 순환처럼 이러한 자리바꿈은 지극히 자연스런 것이다. 사업에 실패했다고 해서, 시합에서 패배했다고 해서, 시험을 망쳤다고 해서 좌절하지 말라. 아직 기본기가 제대로 갖춰지지 않았을 뿐이다.

## 08
## 바보처럼 기다리지 말고
## 달려가서 운을 붙잡아라

중국인들이 처세술을 말할 때 자주 인용하는 문구가 있다. 바로 '불흘고중고(不吃苦中苦), 난위인상인(難爲人上人)'이라는 말이다. 직역하면 '어려움을 겪지 않으면 윗사람이 되기 어렵다'라는 뜻으로, '하늘은 고난을 먼저 겪게 한 다음에 비로소 큰일을 맡긴다'는 의미다.

대개 성공한 사업가를 말할 때 '운이 좋다'고 말한다. 그러나 그 이면을 들여다보면 불운을 행운으로 바꾸기 위해 치열하게 살았음을 엿볼 수 있다.

투자가이자 사업가로 세계적인 갑부가 된 워런 버핏은 펜실베이니아대학에 입학했다가 네브래스카대학교로 편입해서 경제학 석사를 땄다. 그는 하버드대학 경영대학원을 소망했으나 떨어졌다. 결국 원하지 않았던 컬럼비아대학 MBA 과정에 입학해야 했다. 워런 버핏은 그곳에서 경영대학원 교수로 있던, 가치투자의 시초라 할 수 있는 벤저민 그레이엄을 만났다. 불운이 행운으로 바뀌는 순간이었다. 그는 연구하고 노력한 끝에 벤저민 그레이엄의 투자철학을 바탕으로 엄청난 성공을 거뒀다.

일본의 대표적인 사업가 마쓰시타 고노스케는 성공 비결로 '가난, 허약체질, 배우지 못함'을 들었다. "가난을 극복하기 위해서 열심히 일했고, 허약체질이어서 꾸준히 운동했고, 어렸을 때 제대로 배우지 못해서 평생을 공부하며 살았다"는 그의 고백은 마음먹기에 따라 그 어떤 불행도 행운으로 바꿀 수 있음을 의미한다.

<포브스>가 선정한 '2013년 아시아 최고 갑부'는 청쿵그룹의 회장 리카싱이다. 아버지가 폐렴에 걸려 일찍 죽는 바람에, 장남이었던 그는 중학교 1학년 때 중퇴하고 생계를 위해 닥치는 대로 일하기 시작했다. 철물점 점원, 찻집 종업원, 외판원 등 등 온갖 잡일을 전전하다가 17세 때 플라스틱 제조 회사에 들어갔다. 비록 어린 나이였지만 주인의식을 갖고, 가장 먼저 출근해서 가장 늦게 퇴근하는 등 하루 16시간을 성실하게 일했고, 그 결과 입사 1년 만에 과장으로 승진했다.

돈을 벌려면 자기 사업을 해야 한다고 생각한 리카싱은 22세 때 주위 사람들에게 5만 홍콩달러(약 600만 원)를 빌려서 플

라스틱 공장인 '청쿵'을 설립하였다. 그러다 우연히 잡지에서 플라스틱 조화가 유망 사업이 될 거라는 기사를 본 뒤, 조화를 생산하기로 마음먹고 이탈리아로 날아가 선진 조화 시장을 둘러보았다. 홍콩으로 돌아와 생화와 비슷한 조화를 만들기 위해 심혈을 기울인 끝에 그는 플라스틱 조화로 세계 시장에 진출하였고, 결국 크게 성공하였다.

자금을 확보하자 1958년 부동산 개발 회사인 '청쿵실업'을 세웠다. 그 뒤로 운수 회사, 전력 회사 등을 사들이는 등 각종 사업에 뛰어들어 거대한 제국을 일구었다. 지금은 홍콩 시민들

이 1달러를 쓰면 5센트는 그의 주머니로 들어간다고 할 정도로 막강한 영향력을 행사하고 있다. 청쿵그룹은 홍콩 주식 시장에서 시가 총액의 26퍼센트를 차지하고 있을 정도로 홍콩 경제에서 차지하는 비중이 크다.

학력이라고는 중학교 1학년 중퇴에 불과한 그가 어떻게 이토록 거대한 제국을 세울 수 있었을까?

리카싱은 불행이 일찌감치 찾아와서 어린 나이에 학교를 그만두어야 했지만 배움마저 중단한 것은 아니었다. 매일 새벽 4시에 일어나 중고교 과정을 독학으로 공부했고, 외판원을 하며 돌아다닐 때는 영어 단어장을 만들어 그걸 외우며 돌아다녔다. 집에 오면 녹초가 되었지만 습관처럼 책을 들고 졸음과 싸워가며 공부했다.

외국어 공부는 그가 평생 동안 습관처럼 해온 것 중 하나다. 라디오로 방송을 들을 때는 발음을 따라 했고, 자막이 나오는 텔레비전을 볼 때는 소리 내서 자막을 읽었다. 그 결과 그는 수준 높은 영어를 구사할 수 있게 되었다. 80대 후반에 접어든 그는 지금도 잠들기 전에 경제, 문학, 철학, 역사, 과학 등 다양한 분야의 책을 읽는다.

'의롭지 못한 부귀는 뜬구름과 같다'는 좌우명을 갖고 있는 리카싱은 자신이 갑부가 된 것은 운이 좋아서가 아니라 운을 잡기 위해서 꾸준히 노력했기 때문이라고 말한다. 그는 의료와 교육 사업에도 관심을 갖고 있고, 기부에도 인색하지 않아서 2009년 방송국의 한 프로그램이 실시한 설문 조사에서 '중국인이 가장 존경하는 기업가 1위'에 선정되었다.

민계식(전 현대중공업 회장)은 이렇게 말했다.

"세상은 거울이다. 거울은 내가 하는 대로 한다. 세상도 마찬가지다. 내가 웃으면 거울도 웃고, 내가 칭찬하면 거울도 칭찬한다. 내가 세상을 도우면 세상도 나를 도와준다. 반대로 내가 다른 사람을 비난하면 세상도, 다른 사람도 나를 비난한다."

세상뿐 아니라 운도 마찬가지다. '나는 운이 없는 사람'이라고 규정해버리면 평생 운이 따라붙지 않는다. 뭘 해도 안 될 거라고 잠재의식 속에서 생각하고 있기 때문이다. 이미 시작하기도 전에 실패했는데 어떻게 성공하겠는가?

'나는 운이 좋은 사람'이라고 규정해놓고, 열심히 일하다 보면 정말로 운이 따라붙는다. 사업에서 성공한 사람들은 운이 저절로 붙기를 기다렸던 게 아니라, 달아나는 운을 붙들기 위해 치열하게 오늘을 산 사람들이다.

## 09
## 마음을 열어놓아야
## 기회가 들어온다

"와아! 이 집 대박이네. 한 달 매출이 얼마나 될까?"

식사를 하거나 회식 자리에 갔다가 가게가 북적거리면, 한 번쯤은 이런 생각을 하게 된다. 경제에 관심 있는 사람이라면 꼼꼼하게 한 달 매출을 머릿속으로 계산해본다.

한 달 총매출에서 부가세를 제외한 뒤 재료비, 인건비, 임대료, 제세공과금을 제외한 금액을 산출한다. 가끔씩 천문학적인 숫자에 깜짝 놀라 입을 떡 벌릴 때도 있다. 질투 섞인 눈길로 사장을 바라보기도 하지만 가게를 나서면 말끔히 잊어버린다. 사람마다 그 이유야 다르겠지만 가장 큰 이유는 마음의 문이 닫혀 있기 때문이다.

1954년, 레이 크록은 52세였다. 종이컵 세일즈를 하다가 35

세 때 멀티믹서 판매 독점권을 사서, 17년째 전국을 돌며 세일
즈를 하고 있었다. 그의 인생을 바꾼 것은 레스토랑 주인들의
전화였다.

"캘리포니아 샌버디노의 맥도날드 형제들이 사용하는 것과
똑같은 믹서를 사고 싶소."

무더운 여름, 레이 크록은 소문으로만 들었던 레스토랑을
찾아갔다. 8대의 멀티믹서가 쉬지 않고 돌아가며 음료수를 만
들고 있었다. 그러나 정작 그를 감동시킨 것은 청결한 매장, 단
순한 메뉴, 효율적으로 분업화된 업무 처리 방식이었다.

한여름인데도 불구하고 매장은 반짝반짝 빛이 났다. 판매하
는 음식은 햄버거, 프렌치프라이, 음료수 단 세 가지뿐이었다.
거기다가 공장 자동화시스템처럼 철저하게 분업이 이루어져서
주문한 음식이 나오기까지의 시간이 무척 짧았다. 손님은 계속
들어왔지만 대기 시간은 몇 분에 불과했다.

레이 크록은 머릿속으로 한 달 매출액을 대략 계산해보고는
잠시 질투심에 사로잡혀 맥도날드 형제를 바라보았다. 그러다
문득, 좋은 생각이 떠올랐다. 레이 크록은 곧바로 그 생각을 실
천에 옮겼다.

"제가 오랜 세월 세일즈를 하며 수많은 레스토랑을 돌아다
녔지만 여기처럼 가능성을 지닌 레스토랑은 보지 못했습니다.
다른 사람들로 하여금 새로운 매장을 열도록 하는 게 어떻겠습

니까?"

형제는 회의적이었다.

"누가 우리를 대신해서 새로운 매장을 열겠소?"

"그 일을 제가 하겠습니다."

레이 크록은 맥도날드 형제에게 다른 지역에다 가게를 열게 해주면 총 판매액의 0.5퍼센트를 내겠노라고 제안했고, 그들은 기꺼이 계약서에 도장을 찍었다.

그 이듬해에 시카고 데스 플레인에 맥도날드 1호점을 내는 것을 시작으로 체인점을 늘려나가기 시작했다. 1961년 레이 크록은 맥도날드 형제로부터 모든 권리를 넘겨줄 테니 15년간의 로열티에 해당하는 270만 달러를 내라는 제의를 받았다. 대박을 예감한 그는 빚을 내서 로열티를 사들였다.

위험을 감수한 모험이었지만 예감은 맞아떨어졌다. 레이 크록은 1984년, 82세를 일기로 세상을 떠났다. 그러나 맥도날드는 그가 죽은 뒤에도 빠르게 성장해서, 2013년 맥도날드의 브랜드 가치는 세계 4위, 액수로는 900억 달러에 이르는 것으로 추정되고 있다.

<타임>이 선정한 '20세기 가장 중요한 인물 중 1인'으로 꼽힌 레이 크록은 실질적인 맥도날드의 창업자다. 맥도날드 형제를 만나 레스토랑 체인점을 구상했을 때, 그는 52세라는 적잖은 나이였다. 당뇨병을 앓고 있었으며 관절염 초기 증세에 시달렸

고, 오랜 투병으로 갑상선 대부분과 담낭마저 잃어버렸다. 그러나 그는 아직 인생의 절정기가 찾아오지 않았다고 생각했다. 마음의 문을 열어놓고 기회를 엿보던 중 마침내 기회가 둥지에 깃드는 새처럼 날아들었다. '세상은 저지르는 자의 몫이다'라는 진리를 알았던 그는 재빨리 손을 내밀어서 꽉 붙잡았다.

"생각이 참신하면 당신은 성장하지만 생각이 정체되면 부패하기 시작한다."

레이 크록이 남긴 명언이다.

성공하고 싶다면 항상 마음의 문을 열고 있어야 한다. 마음의 문이 닫혀 있으면, 아무리 좋은 기회라도 되돌아갈 수밖에 없다.

지레 겁을 집어먹고 '나의 능력'을 규정짓지 말라. 나에게 어떤 능력이 있는지는 부딪쳐보기 전까지는 알 수 없다. 마음을 활짝 열어놓고 세상을 새로운 시각으로 바라보면, 저물녘 둥지로 날아드는 새처럼 기회가 제 발로 찾아들 것이다.

We Call It Life
Because It Is Not Perfect

# Chapter 2

43 Thoughts Which Wins The World

# 찾아라,
성공의 비결이
무엇인지!

당신이 가지고 있는 것을 필요로 하는 사람에게 파는 것은 장사가 아니다. 당신이 가지지 않은 물건을 필요로 하지 않는 사람에게 파는 것이 진짜 장사다.

_ 유태 격언

임금을 지불하는 것은 고용주가 아니며 그는 단지 돈을 관리할 뿐이다. 임금을 주는 것은 제품이다.

_ 헨리 포드

사업은 흡입력 있고 재미있으며, 자신의 창의적인 본능을 발휘할 수 있는 것이어야 한다.

_ 리처드 브랜슨

## 10
## 투덜거릴 시간에
## 해결책을 찾아라

'뭐야? 얼굴이 미인형이라더니 실제로 보니 미안형이네!'

'이건 웬 마네킹? 내가 분명 유머 감각이 있는 남자를 원한다고 했는데 무감각한 남자를 소개해주면 어떡해!'

맞선이나 소개팅을 자주 해본 사람이라면 한 번쯤 이런 경험이 있으리라. 대다수는 주선자를 욕하거나 그날의 운수 탓을 하며 이내 잊어버린다.

그러나 단조로운 생활 속에서 터져나온 불평불만은 성공으로 향하는 문이 될 수도 있다. 물론 그 문은 오랫동안 사용하지 않아서 쉽게 눈에 띄지 않는다. 그러니 포기하지 않고 잘 찾아보면 감춰진 문을 발견할 수 있다.

결혼정보 회사 듀오의 탄생은 창업주 정성한 씨의 맞선 경험에서 시작되었다. 맞선을 보다 보니 주선자가 알려준 정보가 엉터리인 경우가 허다하다. 이상형과는 전혀 무관한 사람이 나오는 경우가 대부분이고, 가뭄에 콩 나듯 간혹 마음에 드는 상대를 만나도 어색한 분위기 때문에 평상시 하지 않던 실수를 연발하다가 속마음은 제대로 전하지도 못한 채 헤어지게 된다.

정성한 씨 역시 맞선을 보고 나서 다른 이들처럼 투덜거렸다. 그러다 한순간, 생각의 전환을 꾀하기 시작했다.

'이왕이면 다홍치마라고, 이상형을 만나서 즐거운 시간을 가질 수는 없는 걸까?'

그는 결혼정보 회사에 대해 시장 조사를 시작했고, 철저한 준비 끝에 고객의 입장에서 사업을 펼쳐 마침내 성공을 거두었다.

지금은 보편화되다시피 한 일회용 아기 기저귀의 발명도 투덜거림에서 시작되었다. P&G의 연구원이었던 빅 밀즈는 세 명이나 되는 손자손녀의 기저귀를 갈아주는 일이 끔찍히도 싫었다.

'내가 가정부야? 가뜩이나 회사 일 때문에 바빠 죽겠는데 왜 나더러 기저귀를 갈아달라는 거야?'

천 기저귀는 옆으로 대소변이 새기도 하는 데다, 조금만 늦게 갈아주면 아이의 연한 살이 짓물러 터지기 십상이었고, 기저귀에 묻은 오물을 세탁하고 다림질해서 다시 사용하는 일도 여간 번거로운 게 아니었다.

'이거 보통 일이 아니구먼! 좀 더 편리하게 사용할 수 있는 기저귀가 없을까?'

빅 밀즈는 스스로 해결책을 찾기 시작했고, 다양한 실험과 연구 끝에 천 기저귀의 문제점을 해결한 일회용 기저귀 '팸퍼스'를 탄생시켰다.

우리는 보통 창조라면 미켈란젤로 같은 예술가나 에디슨 같은 과학자의 전유물이라고 착각한다. 그러나 창조에는 발명만 있는 것이 아니다. 생활의 불편함을 개선하거나 기존의 제품을 개조하는 혁신도 훌륭한 창조다.

혁신은 개인뿐만 아니라 기업에서도 관심을 기울이고 있는 분야. 전 방위 경영혁신의 전략인 6시그마(six sigma)나 창의적 문제 해결 이론인 트리즈(TRIZ, Teoriya Resheniya Izobretatel skih Zadach) 같은 기법 등을 경영에 끌어들여서 더 효율적이고 창의적이며 생산적인 조직을 만들기 위해서 고심하고 있다.

소비자의 마음을 사로잡을 수 있는 새로운 제품이 기업의 운명을 좌지우지하는 상황이다 보니, 조직원들이 창의력을 발휘할 수 있는 수평적이면서도 자유분방한 기업문화가 확산되고 있다. '스카치테이프'나 '포스트잇' 같은 혁신적인 제품을 출시해 세계의 이목을 집중시켰던 3M에는 '15퍼센트 규칙'이 있다.

기술직 직원은 자신의 근무 시간 중에서 15퍼센트를 업무와 무관한 일에 사용할 수 있다는 것이다. 구글은 한 발 더 나아가서 '20퍼센트 규칙'을 만들었다. 이 규칙은 선택이 아닌 의무 사항이다. 매일 쓰느냐, 일주일에 한꺼번에 몰아서 쓰느냐는 자유지만 반드시 업무 시간 중 20퍼센트를 업무 외의 일에 사용해야 한다.

같은 일만 반복하다 보면 창의력은 매몰되게 마련이다. 뇌를 환기시키는 것도 창의력을 자극하는 좋은 방법이다.

혁신은 '불편함'에서 출발한다. 인류의 발전은 '불편함과의 투쟁' 속에서 이루어졌다고 해도 과언이 아니다. 우리가 일상에서 사용하고 있는 의자, 우산, 냉장고, 자동차 등등의 창조물은 불편함과의 투쟁에서 승리를 거두었음을 온몸으로 증명하고 있다.

물론 지금은 수많은 제품이 시중에 쏟아져서, 더 편리한 제품을 만들기 위한 혁신이 주로 이루어지고 있지만, 생활 속의 불편이 완전히 사라진 것은 아니다. 불편함을 느꼈을 때 투덜거림에 그친다면 조직이든 기업이든 더 이상 발전할 수 없다. 오래된 관행일수록, 오랫동안 사용해왔을수록, 수많은 사람이 사용할수록 적극적으로 달려들어 해결책을 모색해볼 필요가 있다.

성공은 화려한 옷을 입고 찾아오는 게 아니라 늘 봐왔던 익숙한 것들 속에 모습을 감춘 채 슬며시 찾아온다. 그렇기에 삶에 길들여진 사람이 발견하기란 불가능하다. 매사에 의문을 품고, 저항하는 사람만이 그 실체를 발견할 수 있다.

## 11
## 내게 주어진 무대를
## 최대한 이용하라

지금은 개성이 존중받는 세상이다.

지식정보화 시대의 특징 중 하나는 다양성이다. 서로 다른 학문, 문화, 역사, 사상, 철학 등의 다양성이 인정될 때 융·복합이 제대로 힘을 발휘하여, 그 속에서 새로운 가치를 창출할 수 있다.

불과 10년 전까지만 해도 세상은 주인공 위주로 움직였다. 야후나 네이버 같은 대형 포털사이트의 등장으로 빠른 정보를 접할 수 있었으나 개개인이 참여할 수 있는 공간은 협소했다. 인터넷의 발달에도 불구하고 세상은 여전히 주인공 위주로 돌아갔다.

영화나 드라마에서는 물론이고, 일상에서도 주인공이 활개를 치고 돌아다녔다. 직장에서는 사장이 주인공이고, 동창회에서는 출세한 친구가 주인공이고, 친인척 중에서는 각종 고시에 합격한 사람이 주인공이었다. 이런 시스템 속에서 '개성'이란, '모난 돌이 정 맞는다'는 속담처럼 '정 맞는 모난 돌'일 수밖에 없었다.

그러다 2003년 블로그가 대중화되면서 엑스트라에 불과했던 일반인에게도 마침내 주인공이 될 수 있는 무대가 하나씩 주어졌다. 회사에서 회식한 이야기를 개인 블로그에 올리면 그 공간에서만큼은 사장이 주인공이 아니라 내가 주인공이 된다. 유명 배우의 CF를 찍기 위해, 촬영팀 조명기사로서 해외여행을 떠나도, 내 블로그에서만큼은 내가 주인공이다.

모든 사람에게 똑같은 무대가 주어졌지만 이를 잘 활용한 사람은 스타로 떠오른다. 이미 수많은 파워블로거가 탄생했고, 1인 기업이 성공을 거두고 있다. 물론 싸이 같은 스타들도 접근성이 수월한 유튜브, 전파 속도가 빠른 트위터와 페이스북 같은 소셜 네트워크 서비스를 등에 업고 세계적인 스타로 발돋움하지만, 그에 못지않게 엑스트라들의 약진이 돋보이는 세상이다.

2007년 <타임>이 발표한 '디자인 부문에서 가장 영향력 있는 사람 100인'에 이름을 올린 스콧 슈만도 엑스트라였다가 주인공이 된 케이스다.

지금은 '패션계의 가장 영향력 있는 포토그래퍼'로 불리지만, 그 역시 수많은 엑스트라 중 한 명이었다. 인디애나대학에서 의류상품학을 전공한 그는 뉴욕에서 패션 마케터로 일하다가 쇼룸을 열었다. 그러나 '부자의 꿈'은 911테러와 함께 무너져 내렸다.

911테러의 여파로 장사가 되지 않자 가게를 접어야 했다. 물이 가물면 강바닥의 물줄기가 갈라지듯, 돈이 메마르면 가족 또한 뿔뿔이 흩어지게 마련이다. 졸지에 실업자가 된 그는 아내와 이혼하고 집에서 두 딸을 돌보며 지냈다. 카메라로 아이들 사진을 찍어주던 그는 자신이 사진 찍는 걸 좋아한다는 사실을 깨달았다.

독학으로 사진을 공부하다가 거리로 나가 심심풀이 삼아 멋

쟁이들을 찍었고, 자신의 무대인 블로그에 사진을 올렸다. 입소문을 타고 네티즌의 발길이 끊임없이 이어지자 도도한 패션계가 그에게 다가와 손을 내밀었다. 그는 세계적인 남성 라이프 잡지인 <GQ>에 고정 칼럼니스트로 활동하며 티파니, 버버리, 키엘 등 세계적인 브랜드와 공동으로 다양한 패션 프로젝트를 수행했다. 또한 그의 사진은 런던의 빅토리아 앤 앨버트 박물관과 도쿄 메트로폴리탄 미술관에 전시될 정도로 문화 전반에 걸쳐 영향력이 확대되고 있다.

그가 운영하는 '디 사토리얼리스트'는 타임이 선정하는 '가장 영향력 있는 블로그' 부문에서 2년 연속 1위를 차지했으며, 스트리트 패션 트렌드를 선도해나가고 있다.

만약 그에게 '블로그'라는 자신의 무대가 주어지지 않았다면 어떻게 되었을까? 멋진 사진을 찍어서 <보그>나 <엘르> 같은 세계적인 패션 잡지에 보냈다고 가정해보자. 실제로 실릴 확률은 얼마나 될까? 아마도 제로에 가깝지 않을까 싶다.

패션 사진을 보는 일반 대중의 시각과 편집자의 시각에는 많은 차이가 있다. 보도 사진이나 파파라치의 사진이라면 몰라도, 경력도 전무한 아마추어의 사진을 실어준다는 것은 자존심 강하면서도 보수적인 패션계에서는 있을 수 없는 일이다. 물론 지금은 대중의 영향력이 워낙 큰 인물이다 보니 경쟁적으로 싣고 있지만 과거의 시스템대로라면 그는 '사진 찍는 취미'를 지닌 수많은 엑스트라 중 한 명으로 평생을 살아갈 확률이 높다.

스콧 슈만은 자신의 무대를 적절히 이용해서 성공을 거둔 대표적인 케이스다. 과거에는 진입 장벽이 높아서 취미로밖에 할 수 없었던 아마추어라도 이제는 자신의 무대를 잘만 활용하면 주연으로 각광받을 수 있다.

지식정보화 시대에는 소비자가 생산자가 되고, 생산자가 소비자가 되기도 한다. 직업이나 제품도 다양화되고 세분화되어 약간의 아이디어만 있으면 새로운 제품이나 새로운 직업을 창출해낼 수 있다. 길은 무수히 많음에도 불구하고 여전히 1인 창업이 어렵게 느껴지는 까닭은 나만의 세계를 구축하지 못한 채 따라 하기에 급급하기 때문이다.

유용한 지식이 봇물처럼 쏟아지고 다양한 아이디어가 속출하고 있지만 정작 개개인은 그것들을 적절히 활용하지 못하고 있다. 자신에게 주어진 무대를 최대한 활용하려면 나름 전문적인 지식을 갖추기 위해서 공부해야 한다. 또한 정보나 아이디어를 융합 내지는 복합해서 새로운 가치를 창출할 수 있도록 생각의 폭을 넓혀야 한다.

과거처럼 'A+B=AB' 혹은 'A+B=C'라는 틀에 박힌 생각을 해서는 개성을 살릴 수 없다. 'A+B=7'이 될 수 있고, 'A+B=CAR'가 될 수도 있다. 쏟아지는 정보를 수동적으로 받아들이지만 말고 능동적으로 받아들여서 활용할 필요가 있다. 똑같은 방식만 고집할 게 아니라 가위로 잘라 오른쪽과 왼쪽을 바꿔보고, 믹서로 섞어보고, 프라이팬에 튀기다 보면 새로운 세상이 열린다.

　다 알고 있는 내용이라고 무시하지 말고, 세상에 이미 나와 있다고 덮어버리지 말라. 어떻게 해서 나만의 세계로 끌어들일 것인지 꾸준히 연구할 필요가 있다. 비록 지금은 아무도 눈여겨보지 않더라도, 나만의 무대에서 혼신의 힘을 다해 공연을 하다 보면 어느 날 문득, 세상의 주인공으로 우뚝 서 있는 자랑스러운 나를 발견하게 되리라.

## 12
## 듣기 싫은 말 속에
## 참된 보물이 숨어 있다

"지나 잘할 것이지, 어디서 지적질이야?"

귀에 발린 칭찬을 좋아하는 사람은 많다. 그러나 비판이나 충고를 겸허히 받아들이는 사람은 많지 않다. 당사자를 생각해서 알아듣기 쉽게 말해줘도 돌아서면 욕을 얻어먹기 십상이다.

내가 한 말과 행동의 옳고 그름을 따져보려면 제삼자의 눈으로 바라봐야 한다. 나에 대한 특별한 감정이 배제된 상태에서 상황만을 봐야 하는데, 그게 아무나 할 수 있는 일은 아니다. 만약 '나'를 객체화하여 볼 수 있다면 순간의 감정에 쉽게 휩싸이지 않을뿐더러, 생로병사로부터 어느 정도 자유로워질 수 있다. 그러나 이런 경지에 이르려면 오랜 기간의 수행을 거쳐야만 한다.

꾸준히 명상을 한다면 '나'를 객체화해 바라볼 수 있다. 그러나 삶이 바빠서 그럴 여유가 없다면 타인의 비판이나 충고를 겸허히 받아들일 필요가 있다.

1995년 1월 17일 진도 7.2의 지진으로 6,400여 명이 사망하고 44,000여 명이 부상당했으며, 10만여 채의 주택이 파손되는 대형 참사가 빚어졌다. 시골에서 빵공장을 하고 있던 아키모토 요시히코는 뉴스 속보를 통해 '고베 대지진'의 참상을 접하고는 가슴이 찢어질 듯 아팠다.

'나도 이러고 있을 게 아니라 작은 힘이나마 보태자!'

아키모토는 빵 판매를 중단하고, 공장에 남아 있는 밀가루로 밤새 빵을 만들었다. 빵을 트럭에 싣고 달려갔지만 어렵사리 하루 하고도 열두 시간 만에 고베에 도착할 수 있었다. 난민들에게 빵을 나눠주자 환호하는 사람도 있는 반면 은근히 불평을 터뜨리는 사람도 적지 않았다.

"두고두고 먹을 수 있는 걸 줘야지, 빵을 주면 뭐해?"

"차라리 건빵이 더 낫겠다!"

처음 그 말을 듣는 순간, 섭섭함은 이루 말할 수 없었다. 그들에게 작은 기쁨이라도 주기 위해서 밤새 일했고, 졸음을 참아가며 달려오지 않았던가. 그런데 그에 대한 보답이 고작 이거란 말인가?

돌아가는 길에 곰곰이 생각해보니 그들의 불평도 일리가 있었다. 빵의 보관 기간은 길어야 일주일이었다. 여름철에는 보관을 제대로 하지 않으면 이틀을 넘기기도 어려웠다. 지금은 국민들의 관심이 높아 곳곳에서 각종 구호품이 도착하고 있지만 언제 끊길지 누가 알겠는가.

'그래! 이왕 착한 일을 할 거라면 제대로 한번 해보자!'

아키모토는 오랫동안 보전해도 맛과 향이 변하지 않는 빵을 만들어보기로 결심했다. 그가 수없는 시행착오 끝에 생각해낸 것이 특수 도장 처리를 한 통조림 빵이다. 통조림 안에다 수분 증발을 막기 위한 화지를 깔고 살균 처리를 한 빵을 넣은 뒤, 밀봉 전에 산화를 방지하기 위한 탈산소제를 넣는다.

이렇게 만들어진 빵은 보존 기간이 무려 3년이나 된다. 전 세계 재난 지역에 구호품으로 보내지는 것은 물론이고, 기아에 굶주리는 제3세계 어린이들에게도 전해지며, 미국 나사에게 인정받아 우주 식량으로까지 사용되는 등 많은 이의 사랑을 받고 있다.

아키모토 요시히코의 성공 비결은 '쓴소리'를 겸허히 받아들였기에 가능했다. 만약 그가 "고마운 걸 모르는 저따위 인간들은 재앙을 당해도 싸!" 하고 화를 내며 돌아섰다면 기분은 풀리겠지만 무슨 변화를 기대할 수 있겠는가.

사실, 타인의 충고나 비판을 겸허히 받아들이기란 쉽지 않다. 외부로부터 공격을 받으면 방어기제가 발동한다. '쓴소리'

또한 예외가 아니어서, 순간적으로 감정이 솟구치며 스스로를 방어하게 된다.

본능은 이성으로 다스릴 수 있다. 좀 더 나은 인간이 되기 위해서는 감정을 차분히 가라앉히고 생각의 전환을 꾀할 필요가 있다. 내가 잘 볼 수 있는 앞모습을 지적한다면 내 생각이 맞을 수 있겠지만 내가 볼 수 없는 뒷모습을 지적한다면 누구 생각이 맞겠는가?

일이 잘 안 풀릴수록 고마운 마음을 갖고 '쓴소리'에 귀를 기울여라. 지금 당장은 듣기 싫어도, 그 안에는 나를 더 큰 세계로 안내하는 초대장이 숨어 있다.

## THE POWER

### 13
# 더도 덜도 말고
# 반걸음만 앞서 가라

삼성전자와 애플의 특허 전쟁으로 인해서 특허에 대한 세계
인의 관심이 뜨겁다.

특허는 아이디어의 산물로 지식재산권이다. 하나의 특허로
하나의 제품을 만들기도 하지만 첨단 제품에는 여러 개의 특허
가 들어간다. 믿기 어렵겠지만 <뉴욕타임스>의 보도에 의하면,
스마트폰 하나에만 무려 25만 개의 특허 기술이 들어가 있다고
한다.

지식재산권에 대한 기업과 개인의 관심이 높아지면서 특허
건수는 매년 증가하고 있다. 2012년 국내에서 출원된 지식재산
권은 총 40만 815건에 이른다. 그중 특허는 9만 2,575건, 상표
13만 2,620건, 디자인 6만 3,153건, 실용신안 1만 2,467건이 출

원되었다. 기업으로는 애플과 특허 전쟁을 치르고 있는 삼성전자가 가장 많은 총 6,407건의 특허를 출원하였다.

특허 침해를 둘러싼 거액의 소송이 벌어지자, 이를 미연에 방지하고자 기업으로 특허를 사들이는 사례가 늘어나고 있다. 구글은 2011년 1만 7,000건의 특허를 보유한 모토로라를 125억 달러에 인수했고, 마이크로소프트는 2012년 미디어업체인 아메리카온라인으로부터 기술특허 800여 건을 10억 달러에 인수했다.

고작 56개 건의 특허를 보유하고 있던 페이스북은 야후가 10건의 소프트웨어 특허를 침해했다며 소송을 제기하자, 뒤늦게 특허의 소중함을 깨닫고는 2012년 IBM으로부터 네트워크 관련 특허 750건을 8,300만 달러에 샀다. 그로부터 몇 개월 뒤, 이번에는 마이크로소프트로부터 소셜 네트워킹 플랫폼인 AOL 특허 650건을 5억 5,000만 달러를 주고 샀다.

기업들의 특허권 사냥 열기가 뜨거워지자 가치는 날이 갈수록 뛰어오르고 있다. 2011년 파산한 캐나다 정보통신 회사인 노텔의 특허는 한 건당 75만 달러(8억 6천만 원)에 팔려나갔다. 1995년부터 2012년까지 등재된 모바일 특허권을 가장 많이 보유하고 있는 기업은 한때 세계 시장을 점령했던 핀란드 휴대전화 제조업체 노키아인데, 특허권으로 인해 기업 가치마저 재평가를 받고 있다.

한 해에 수많은 특허가 출원되지만 오랜 기간 연구해온 발명가나 그 분야의 종사자가 출원하는 경우가 대부분이다. 이 경우 일반인이 연구해서 특허를 출원할 때보다 실용성도 높고, 가치 또한 높다. 비전문가인 일반인이 출원할 경우, 제품의 사용 용도에 적확하게 맞아 떨어지지 않는 데다, 지나치게 시대를 앞서 가는 경우가 있기 때문이다. 반면, 발명가나 종사자들은 시대의 흐름을 읽고, 발명 즉시 사용 가능한 특허를 출원하는 경우가 대부분이다.

시대의 요구를 제대로 읽어내지 못하면 특허권도 쓸모없듯이 성공도 마찬가지다. 시대에 뒤처지면 당연히 안 되겠지만, 시대를 너무 앞서 가도 안 된다.

만약 제품에 대한 좋은 아이디어가 있다고 해서 무작정 개발에 착수한다면 실패할 확률이 높다. 스피드가 생명인 제품이 아니라면 관련 회사에 다니며 아이디어를 실용 가능하게 다듬은 뒤 개발하는 편이 성공 가능성을 높이는 길이다.

"사업에 성공하려면 반걸음만 앞서 가라!"

와하하그룹 회장인 쫑찡허우의 충고다. 중국의 재계 정보 조사기관인 후룬연구원은 매년 각종 재계 순위를 발표하는데, 쫑찡허우는 2010년부터 2012년까지 3년 연속 중국 최고의 부자로 선정된 인물이다.

그의 학력은 중졸이 전부다. 농장, 차(茶) 생산 공장, 전자계

량기 회사 등에서 일하다가 42세 되던 1887년, 은행에서 14만 위안을 빌려 퇴직 교사 두 명과 함께 회사를 차렸다. 처음에는 음료수, 아이스크림, 문구류 등을 학교에 납품했지만 지금은 생수, 탄산음료, 유제품 등 150가지 제품을 생산하는 중국 최대의 음료 회사로 성장했다.

2012년 국가통계국이 발표한 중국 내 음료 회사는 무려 4,000여 개에 이른다. 용광로처럼 들끓는 치열한 경쟁 속에서 와하하그룹이 웃을 수 있었던 비결은 무엇일까? 그것은 아마도 미래 가치가 높은 실험적인 제품보다는 시장을 선도해갈 현실적인 제품을 선호했기 때문이 아니었을까.

경쟁자의 뒤를 쫓아다녀서는 시장의 주도권을 잡을 수 없고, 너무 앞서 가면 소비자에게 외면받기 때문에 경쟁자보다 반걸음쯤 앞서 가는 게 성공 비결이라는 그의 말은 두고두고 음미해 볼 만하다.

성공은 밖이 아닌 내부에 있다. 먼 미래에 있는 것도 아니고 바로 코앞에 있다. 두리번거리지 말고 자신이 몸담고 있는 바로 그곳에서 찾아라. 한눈팔지 않고 열심히 일하다 보면 분명 찾을 수 있다. 시장보다 반걸음 앞서 갈 수 있는 것이 무엇인지!

흔한 사람은 쉽게 잊히고,
흔한 물건은 싸구려 취급을 받는다

"선생님, 안녕하세요?"

"누구…… 시죠?"

얼마 전 지인의 집을 방문했다가 아파트 입구에서 당혹스러운 상황에 처했다. 20대 초반의 아가씨가 생글거리며 인사하는데 도무지 기억나지 않았다. 나중에 알고 보니 지인의 딸이었다. 광대뼈를 절제하는 양악 수술 등 대대적인 성형 수술을 받아서 완전히 다른 사람으로 바뀌어 있었다.

얼마 전, 미국의 소셜 뉴스 사이트에 미인 대회 참가한 한국인 여성 20명의 얼굴 사진이 나란히 올라왔는데, 성형 수술로 후보자 얼굴이 비슷비슷해졌다고 해서 논란이 된 적이 있다. 한국의 성형 열풍이 거세다. 초등학생은 물론이고 중년 주부들까지 성형을 하지 못해 안달이다.

예뻐지겠다는데 성형 수술 자체를 반대하고 싶은 마음은 없다. 문제는 성형 수술로 인해서 획일화가 이루어지고 있다는 점이다. 강남 거리를 걷다 보면 여자들이 마치 한 부모에게서 태어난 딸들처럼 닮아 있다는 사실에 놀라게 된다. 어쩌면 한국 여자들이 성형 수술을 하는 가장 큰 이유는 '미인이라 불리는 그룹'에 들어가기 위해서인지도 모른다.

서양인은 자신이 지닌 장점을 키우려고 노력하는 성향이 있고, 동양인은 단점을 보완하려고 노력하는 성향이 있다. 또한 서양인은 무리의 선두에 서기를 바라는 마음이 강하지만 동양인은 뒤처지지 않기를 바라는 마음이 강하다.

성형의 목적이 단순히 예뻐지기 위함이라면 장점을 살려서 예뻐지는 방법도 있다. 그러나 한국인의 성형은 단점을 보완하기 위해서 이루어진다. 자신만의 개성을 추구하는 것이 아니라 '미인이라 불리는 얼굴'과 닮기 위함이다. 성형 수술을 받은 여자들이 강남의 여자들과 닮았다는 사실에 기분 나빠하지 않는 이유는 마침내 '미인이라 불리는 그룹', 그중에서 상위 그룹에 들어섰다는 자부심 때문이다.

개성이 강조되는 사회지만 사람들은 여전히 선두에 서거나, 남들보다 지나치게 튀는 것을 두려워한다. 그래서 조직에서 '무난하다'는 평을 들으면 내심 안도한다.

흔한 사람은 쉽게 잊히고, 흔한 물건은 싸구려 취급을 받는다. 중학교 때 동창이 나를 전혀 기억하지 못한다면 기억력이 나빠서라기보다는 내가 흔한 아이였기 때문이다. 재래시장이 고전하는 까닭은 온라인 상거래와 대형마트 때문이기도 하지만 그보다 더 큰 이유는 흔한 물건을 흔한 방식으로 팔기 때문이다.

열린사회에서는 특별해질 필요가 있다.

'탄무장'은 빗 하나로 세계적인 기업으로 발돋움한 회사다. CEO인 탄촨화는 고등학교를 졸업하고 폭약을 이용해서 물고기를 잡다가 오른손을 잃었다. 왼손으로 초상화를 그려주는 등 온갖 고생을 하던 그는 기념품으로 나무빗이 잘 팔린다는 소문을 듣고, 나무빗 사업에 뛰어들었다. 은행에서 대출까지 받아서 야심차게 출시한 제품은 기대와는 달리 시장에서 참패를 맛봐야 했다.

'아! 흔한 브랜드, 흔한 제품은 쉽게 묻혀버리는구나!'

시장의 생리를 뼈저리게 체험한 그는 '탄씨 성을 지닌 목공예의 장인'이라는 뜻을 지닌 '탄무장'이라는 브랜드를 앞세워 시장 공략에 나섰다.

기존의 빗은 플라스틱이나 금속 등을 이용해서 기계로 찍어냈지만 탄무장은 무소뿔과 단풍나무 등과 같은 천연소재를 이용해서 손으로 제작했다. 당연히 가격이 비쌀 수밖에 없었다.

그러나 다른 빗과 달리 장시간 사용해도 머리카락이 달라붙지 않고, 두피 마사지 효과도 있어서 탈모 예방에도 좋다는 소문이 퍼지면서 무섭게 팔려나가기 시작했다. 탄환화가 대머리이다 보니 '대머리가 만든 빗'이라는 흥미로운 이야깃거리도 판매를 한몫 거들었다.

탄무장은 제품에서 은은한 향이 풍기는 데다 디자인이 동양적이면서도 운치가 있어서 외국인들에게도 사랑받기에 이르렀다. 결국 빗 하나로 2007년 <포브스>가 선정한 '중국의 100대 잠재력 기업'에 선정되었고, 2009년에는 홍콩 증시에 상장되었다.

인터넷의 발달은 지구촌 구석구석, 문이란 문은 모두 열어젖혔다. 다양한 상품에 대한 정보가 개방되고 가격이 오픈되면서, '무난한 제품'만으로는 생존 자체가 위협받기에 이르렀다. 특별함이 없는 제품은 결국 제 살 깎아먹기 식의 저가경쟁에 뛰어들 수밖에 없다. 이런 식의 경쟁은 결국 자본이 많은 자가 승리할 수밖에 없다.

배운 것이 없을수록, 자본이 부족할수록 남을 모방하기보다는 특별해지기 위해 고심해야 한다. 평범함, 그 자체를 온몸으로 거부하라! 작은 아이디어가 나를 살리고, 조직을 살리는 세상이다.

# 한 치 앞도 예측할 수 없을 때에는
# 스피드가 승부를 가른다

오랜 세월에 걸쳐 인간은 열악한 환경 속에서도 생존하는 능력을 길러왔다. 아이가 낯선 사람을 만나면 울음을 터뜨리는 것도 일종의 생존전략이다. 낯을 가린다는 것은 내 편인 사람과 그렇지 않은 사람을 구분할 수 있는 인지 능력이 생겼음을 의미한다. 울음은 불안감의 표현으로 일종의 구조 신호다.

아이뿐만 아니라 어른들도 낯선 환경에 처하거나 낯선 사람을 만나면 긴장한다. 탐색이 끝나서 안전하다는 생각이 들면 긴장은 이내 풀어진다. 적응하기까지 시간이 다소 걸리지만 일단 적응하게 되면 너무 쉽게 안주하는 경향이 있다. 그래서 믿었던 사람에게 배신을 당하고, 안전하다고 생각했던 장소에서 의외로 큰 부상을 입는다.

본성을 거스르기란 쉽지 않다. <빠삐용>, <쇼생크 탈출> 같은 영화가 감동을 주는 이유도 현실에 안주하고 싶은 본성을 뿌리치고, 끝없는 도전 끝에 마침내 자유를 쟁취해내기 때문이다.

삼성전자에서 CEO로 근무하며 전문 경영인으로 세계적인 명성을 떨친 윤종용 씨는 "사람이 심리적으로 3년 동안 같은 현상이 지속되면 그것이 영원히 지속될 거라고 착각한다"며 현실에 안주하지 말고 위기의식을 지닐 것을 주문했다. 또한 미래는 예측하고 기다리는 것이 아니라 창조하는 것이라는 소신을 지녔던 그는 "아날로그 시대의 인재는 성실하고 말 잘 듣는 사람이지만 디지털 시대의 인재는 창의력과 스피드를 갖춰야 한다"며 새로운 인재상을 제시하기도 했다.

얼마 전, 빌 게이츠가 서울대학교에서 '도전정신과 혁신'에 대해 강연을 했을 때, 왜 하버드대학을 중퇴했느냐는 물음에 이렇게 대답했다.

"IBM과 같은 회사들도 그 당시에는 퍼스널 컴퓨팅이 어느 방향으로 흘러가게 될지 잘 모르고 있었어요. 마침 폴 알렌(MS 공동 창업자)과 저는 퍼스널 컴퓨팅의 중요성을 알고 있었고 그 흐름을 잡아야 한다고 생각했습니다. 그러다 보니 학위를 딸 시간이 없어서 중퇴를 선택했습니다."

빌 게이츠는 자신을 멘토로 삼고 있는 학생들이 무더기로 자퇴할까 봐 우려되었는지 대학 중퇴는 예외적인 사례이며, 대부분의 경우는 학업을 중단할 정도로 시급하지 않다는 말을 덧붙였다.

그러나 마이크로소프트를 세웠던 1975년에 비해 40년 가까운 세월이 흘렀음을 기억할 필요가 있다. 그때보다 세상은 비교 불가능할 정도로 빨라졌고, 변화에 적응하지 못한 수많은 기업이 사라졌다. 세계적인 컨설팅업체인 맥킨지가 한 세기 동안의 기업 평균 수명을 조사한 바에 의하면 기업의 수명은 갈수록 짧아지고 있다. 1935년에는 90년이던 기업의 수명이 1970년에는 30년, 2005년에는 15년 수준으로 떨어졌다.

세계는 빠르게 변화하고 있다. 특히 IT 기업은 변화가 심해서, IT 기술은 그 수명이 5~6일에 불과하다는 푸념 섞인 이야기까지 나돌 정도다. 하지만 수많은 IT 기업이 흥망성쇠를 거듭하는 동안에도 꾸준히 성장해온 기업이 있다. 네트워킹 관련 제품을 '처음부터 끝까지(End-to-end)' 제공하는 유일한 기업인 시스코 시스템즈다. 인터넷상에서 정보 운송할 때 75퍼센트 정도가 시스코 제품을 통해 이루어질 정도로 네트워킹 분야에서는 따라올 자가 없다.

난독증을 극복해서 난독증 환자들의 우상이기도 한 시스코의 최고 경영자 존 챔버스는 이렇게 말했다.

"덩치가 크다고 해서 항상 작은 기업을 이길 수 있는 것은 아니다. 그러나 빠른 기업은 느린 기업을 언제나 이긴다."

시스코의 생존전략은 스피드다. 존 챔버스는 기술적인 진보 속도가 너무 빠르기 때문에 자신의 기술만을 고집하다 보면 경쟁에서 뒤처질 수밖에 없다는 판단을 내렸다. 불확실한 미래에 투자하기보다 시장 상황에 적합한 기업을 인수합병(M&A)하는 전략을 선택한 것이다. 시장에서 우위를 선점하기 위해서 무려 150개가 넘는 기업과 손을 잡았는데, 성공적으로 이끌어낼 수 있었던 가장 큰 힘은 M&A의 본질을 파악한 존 챔버스의 안목이다.

"M&A는 시도하는 기업의 90퍼센트가 실패할 정도로 결코 쉬운 전략은 아니다. 승패의 관건은 인수한 기술을 기존 기술이나 비즈니스와 어떻게 통합해서 활용하느냐 하는 데 있다."

인수합병을 할 때는 다들 시너지 효과를 기대한다. 그러나 미래를 내다보는 안목이 없으면 쓸데없이 커진 덩치를 제어하지 못하고 제품에 지쳐 쓰러질 수밖에 없다.

시스코의 혁신전략은 세 가지다. 바로 '사들이고(Buy)', '개발하고(Build)', '파트너와 협력하는 것(Partner)'으로, 존 챔버스는 이 전략을 20년 넘게 유지해왔다.

샌디에이고에서 열린 연례 고객 컨퍼런스인 '시스코 라이브(Cisco live) 2012'의 개막 기조연설에서 존 챔버스는 이렇게 말했다.

"네트워크가 우리의 삶과 비즈니스, 국가마저 바꾸고 있다.

점점 변화의 속도도 빨라지고 있어 신속하게 움직이지 않으면 안 된다. 이제 변화는 생존이 걸린 문제다."

시대의 핵심을 짚는 새로운 연설 같지만 표현만 다를 뿐, 고대 그리스의 철학자인 헤라클레이토스가 했던 말과 똑같다.

"모든 것은 시간과 더불어 변한다. 누구도 같은 강물에서 멱을 감을 수는 없다."

단지 그때와 바뀐 것이 있다면 머리로만 이해해도 충분했던 철학적인 문제를 이제는 대다수가 몸으로 체감하며 살아가고 있다는 사실이다.

세상의 변화를 감지하고 대처하지 못하면 급류에 떠밀려갈 수밖에 없다. 한 치 앞도 예측하기 힘든 세상에서는 결국 스피드가 승부를 가른다. 멈춰 있을 때인지, 움직여야 할 때인지를 신중히 판단해야 한다.

## 16
## 세상 사람들이 귀찮아하는 일을
## 주목할 필요가 있다

"귀찮아!"

"또? 아, 귀찮아 죽겠네!"

손빨래를 귀찮아하는 사람들을 위해서 세탁기가 출시됐고, 밥하기 귀찮아하는 사람들을 위해서 포장밥이 출시됐고, 설거지를 귀찮아하는 사람들을 위해서 식기세척기가 출시됐고, 청소를 귀찮아하는 사람들을 위해서 청소로봇이 출시됐다. 그런데도 우리는 여전히 귀찮다는 말을 남발하며 살아가고 있다.

나쁘지 않다! 불평불만이 사라진 사회가 오지 않았음에 오히려 감사해야 한다. 아직 새로운 사업 아이템이 남아 있다는 증거이기 때문이다.

기업들은 소비자의 '귀찮음'을 해소해줄 아이템을 찾기 위해 고심하고 있다. 야외에서 자전거는 타고 싶은데 페달 밟기를 귀찮아하는 사람들을 위해 전기자전거가 나오고, 스킨과 로션을 따로 바르는 일조차 귀찮아하는 남성들을 위해서 주름과 미백 기능까지 갖춘 올인원 화장품이 출시되고, USB의 방향을 신경 쓰는 것마저도 귀찮아하는 소비자를 위해서 위아래 상관없이 꽂아 쓸 수 있는 USB포트가 등장했다.

성공한 사업 아이템이나 제품을 자세히 살펴보면 '귀찮아하는 인간의 심리'를 파고든 경우가 적지 않다.

세계 최초의 신용카드도 귀찮음을 해결할 방법을 찾다가 탄생하였다. 1950년 시카고의 사업가인 프랜시스 자비에르 맥나마라는 뉴욕의 레스토랑에서 고객들과 저녁을 먹고 난 뒤, 뒤늦게 지갑을 놓고 온 사실을 깨달았다. 고객들 앞에서 망신을 당한 뒤, 현금이 없어도 카드 한 장으로 식비를 대신 지불할 수 있는 다이너스 카드(Diners Card)를 만들었다. 27개 레스토랑을 확보한 다음 200여 명의 고객에게 카드를 발급했는데 반응이 좋아서, 여행 경비까지 지불할 수 있도록 용도를 확대하였다.

스위스의 인터넷 업체인 블랙삭스 닷컴도 은연중 사람들이 귀찮아하는 심리적 고민을 해결해주다가 성공한 기업이다.

창업주인 사미 리히티는 광고대행사 컨설턴트였다. 그는 일본인 클라이언트로부터 다례(茶禮)에 초대받았다. 무심코 신발을 벗고 실내로 들어서려던 그는 구멍이 난 양말을 발견했고,

양말에 계속 신경을 쓰다 보니 대화에 집중할 수 없었다. 결국 그날의 비즈니스는 실패로 돌아갔다.

대다수 사람들은 '바쁘게 살다 보면 그럴 수도 있지, 뭐! 앞으로 동양인과 만날 때는 양말에도 신경을 좀 써야겠는 걸……' 하고 넘어간다. 그러나 사미 리히티는 '내가 왜 옷차림과 외모에는 세심하게 신경을 쓰면서 양말에는 신경 쓰지 못했을까?'부터 시작해서 '양말은 도시인에게 어떤 의미를 지니고 있는 걸까?', '양말은 어떤 경로를 통해서 주로 구입하는 걸까?' 등등의 물음을 던졌고, 답을 찾기 위해 고심했다.

최종적으로 그가 내린 결론은 사람들은 양말을 사는 데 아까운 시간을 허비하고 싶어 하지 않는다는 것이었다. 양말을 쇼핑하는 행위 자체를 은연중에 귀찮아한다는 사실을 파악한 그는 '손쉽게 접근할 수 있는 인터넷을 통해 양말을 정기적으로 배달해주는 사업을 해보면 어떨까?'라는 생각을 하기에 이르렀다.

그는 몇 가지 원칙을 세웠다.

하나, 양말은 아침에 신으면 종일 신기 때문에 땀을 흡수하고 배출할 수 있는 기능성 소재를 써야 하고, 착용감 또한 좋아야 한다.

둘, 한 번 신고 나면 세탁을 하기 때문에 쉽게 구멍이 난다. 한 짝이 구멍 나면 멀쩡한 한 짝을 버려야 하기 때문에 색상은 가급적 통일해야 한다.

셋, 한 번 구매하고 나면 다시 구매하는 걸 잊어먹을 수 있으니 처음부터 월간지나 계간지처럼 정기적으로 배달을 신청할 수 있는 서비스를 제공해야 한다.

결국 블랙삭스 닷컴은 창업 3년 만인 2002년에 베스트 오브 스위스 웹(Best of Swiss Web) 상을 차지했다. 사업이 예상 밖의 큰 성공을 거두자 영역을 확장해서 지금은 세계인들을 상대로 다양한 색상의 양말뿐 아니라 속옷과 셔츠까지 팔고 있다.

'귀찮아!' 하는 사람들의 심리를 이용한 사업은 날이 갈수록 번성해가고 있다. 원두커피 애호가가 늘어나자 갓 로스팅한 원두를 배달해주는 사업이 등장했는가 하면, 집 안이나 사무실 청소를 대행해주는 홈케어 서비스가 등장했고, 매월 일정한 회비를 내면 면도기와 면도날을 집까지 배달해주는 사업도 등장했다.

바쁜 현대인들은 시간을 절약할 수 있는 일이라면, 벌어들이는 돈의 일부를 기꺼이 지불할 의향을 갖고 있다. 요즘에는 인터넷을 잘만 찾아보면 웬만큼 자잘한 심부름에서부터 번역, 회계, 설계, 법률 문제까지 비교적 저렴한 비용을 지불하고 문제를 해결할 수 있다.

그럼에도 불구하고 우리는 여전히 '귀찮다!'는 말을 남발하며 세상을 살아가고 있다. 아직 해결 방법을 발견하지 못했거나 세상에 이미 나와 있는 제품이나 서비스가 '귀찮음'의 본질적인 문제를 말끔히 해결하지 못했기 때문이다.

어쩌면 모두가 애타게 찾아다니는 성공은 아주 가까운 곳에 숨어 있을지도 모른다. 귀찮은 일이 생길 때마다 지나치지 말고 한 번쯤 의심해볼 필요가 있다. 내가 가장 귀찮아하는 일이 바로 가장 전망 있는 사업 아이템일 수도 있으므로…….

## 17
## 태산을 만들려면
## 티끌을 모아라

어렸을 때 부모님에게 귀에 못이 박이도록 들었던 훈계는 '티끌 모아 태산'이었다. 벌이도 시원찮고 물자도 귀한 시절이니 아껴 쓰라는 의미였지만 그때마다 나는 속으로 코웃음치곤 했다.

'흥! 티끌은 모아봤자 티끌일 뿐이야!'

선생님들은 노력하면 이루지 못할 일이 없다며 '마부작침 (磨斧作針, 도끼를 갈아서 바늘을 만든다)'이나 '우공이산(愚公移山, 우공이라는 노인이 산을 옮긴다)'과 같은 고사를 들려주곤 했다. 한눈팔지 말고 열심히 공부하라는 뜻임은 이해하지만 학생의 능력은 무시한 채 노력만을 강요하는 것 같아서 마음 한편이 불편했다.

세상일이라는 게 마음먹기 나름이라는 사실을 깨달은 것은 사회에 나와서 기자생활을 할 때였다. 성공한 사람들을 자주 접하다 보니 그들의 '마음 자세'가 일반인들과는 남다름을 발견할 수 있었다. 그들은 티끌을 모아봤자 태산이 되지 않는다는 사실을 모를 리 없건만 필사적으로 티끌을 모으려 했다. 수십 억대 자산가가 버스비 몇 푼을 아끼기 위해서 한 시간 남짓한 거리를 걸어다니는 걸 보고 '티끌'에 대한 생각을 달리하게 되었다.

2000년 미국의 대중 월간지 <SPY>는 부자들을 상대로 재미있는 실험을 했다. 58명의 저명인사를 추린 뒤, 소액의 가계수표를 동봉한 편지를 보냈다.

'컴퓨터의 실수로 귀하가 아래와 같은 금액을 추가로 지불하였기에 이를 환불해드리고자 합니다.'

결과는 어땠을까? 2개월 후, 1달러 11센트가 적힌 가계수표를 받아든 58명의 부자들 중 무려 26명이 은행에서 돈을 찾아갔다.

현대사회에서 시간은 돈이다. 그런데 왜 그들은 귀중한 시간을 쪼개서 고작 1,500원에 불과한 푼돈을 찾아간 걸까? 돈에 대한 남다른 '마음 자세'를 엿볼 수 있는 대목이다.

비즈니스 잡지인 <포춘>은 매년 매출기준으로 '글로벌 500대 기업'을 선정해 발표한다. '월마트'는 2000년부터 13년 연속 1, 2위 다툼을 하고 있다. 세계 최고의 기업인 월마트를 세운 샘 월튼은 전형적인 자수성가형 인물로 '티끌(푼돈)'에 대한 생각이 남다른 인물이다. 만약 그가 1992년에 숨을 거두지 않았다면 <SPY>의 실험자 명단에 제일 먼저 이름을 올렸으리라.

'저렴한 가격'을 내세운 월마트는 1962년 처음 문을 열었다. 그러나 샘 월튼은 17년 전인 1945년, 월마트의 전신이라고도 할 수 있는 소규모 잡화점인 '벤 프랭클린'을 직접 경영했다. 바로 앞에 대형마트가 있어서 샘 월튼은 고심 끝에 승부수를 '가격'으로 잡았다. 가게 운영 경비가 많이 들지 않으니 낮은 가격에 물건을 납품받을 수만 있다면 승산이 있다고 판단했고, 그의 예상은 적중했다.

훗날 월마트가 경쟁자들을 뿌리치고 급성장할 수 있었던 가장 큰 비결은 '티끌 모아 태산'이었다. 샘 월튼은 다른 거래처보다 물건을 싸게 공급함으로써 소비자의 돈을 절약시킬 수 있다고 믿었다. 그는 항상 직원들에게 절약을 강조했다.

"우리가 1달러를 낭비하면 고객의 주머니에서 1달러를 도둑질하는 것과 같습니다."

월마트는 무서운 속도로 성장했고, 샘 월튼은 1985년 67세의 나이에 <포브스>가 선정한 미국 최고의 부자가 되었다. 그러나 그는 사치품이라고는 찾아볼 수 없는 작은 사무실에서 근무했고, 시골 농부처럼 야구 모자를 쓰고 낡은 픽업트럭을 몰고 다녔다. 구두쇠라는 소문이 나자 기자들이 그를 실험해보기 위해 1센트 동전을 떨어뜨려놓았는데, 그는 동전을 발견하자마자 주저 없이 허리를 굽혀 주웠다.

샘 월튼은 부자가 되려면 돈에 대한 남다른 마음 자세를 지녀야 하는데, 그러한 것들은 머리로 이해하기보다는 행동을 통해 깨우쳐야 한다고 믿었다. 그는 자신이 그랬던 것처럼 네 명의 자식들에게 어렸을 때부터 신문 배달을 시켰고, 학교에 다닐 때는 방과 후 매장에서 일을 하도록 했다. 이런 교육은 귀여운 손주들이라고 해서 예외가 아니었다.

월마트나 이마트 같은 디스카운트 매장이 성황을 누리는 이유는 티끌도 모으려는 '알뜰 심리'와 여러 종류의 물건을 한 번에 구매할 수 있는 '편리함' 때문이다. 소비자들은 비록 티끌에 불과할지라도 고객의 돈을 아껴주는 기업을 좋아한다.

티끌도 모으면 제법 큰돈이 될 수 있다는 사실을 보여준 사례도 있다. 2008년 5월 설립된 '라이프넷'은 온라인 생명보험 주식회사다. 설립자인 데구치 하루아끼는 보험업계에서 30년간 몸담았던 베테랑인데, 그는 '반값 보험료'를 내걸고 소비자에게 다가갔다. 여태까지 아무도 공개하지 않았던 부가보험료율을 조목조목 수치로 공개했고, 1만 2,000엔대의 보험료를 깎고 깎아서 결국 반값인 6,000엔대로 낮췄다.

어떻게 이런 일이 가능할까? 그는 운영 경비를 줄이기 위해 지점도 없고 보험설계사도 없는 온라인 회사를 택했다. 또한 광고비를 없애기 위해 SNS와 저술 활동을 통한 마케팅을 펼쳤다. 관례처럼 들어가던 비용을 최대한 줄인 뒤, 그 비용을 고스란히 소비자에게 돌려주었다. 라이프넷은 인터넷 세대들에게 각광을 받으며 빠르게 성장해나가고 있다.

지식정보화 시대가 열리면서 세상은 변했다. 만약 인구가 1,000명인 마을에서 1달러짜리 물건을 판다면 어떻게 될까? 모든 사람에게 판다 해도 고작 1,000달러에 불과하다. 티끌은 모아봤자 티끌인 셈이다. 하지만 70억 명을 상대로 물건을 판다면 이야기는 완전히 달라진다. 인터넷과 운송 수단의 발달로 티끌은 더 이상 티끌이 아니다. 제대로만 모은다면 태산이 되기에 충분하다.

세계경기가 침체기에 접어들면서 서민을 대상으로 하는 저가 마케팅이 각광받고 있다. 일본에서 '백엔숍'으로 크게 성공한 다이소가 한국은 물론이고 전 세계로 뻗어나가고 있고, 미국에서는 초저가 제품을 판매하는 달러스토어가 빠르게 매장을 늘려가고 있다.

이제 '티끌'은 더 이상 '티끌'이 아니다. '그까짓 천 원, 있어도 그만이고 없어도 그만이다'라는 생각은 버려라. 마음 자세를 달리해서 푼돈을 소중히 여겨라. 내 돈은 물론이고, 고객의 돈마저 내 돈처럼 아낄 줄 아는 마인드를 지녀야만 비로소 태산을 만들 수 있다.

## 18
## 분석하고 비교하고
## 적용하라

"창조란 것은 문외한이 하는 것이지, 전문가가 하는 것은 아니다."

파산 직전의 '일본항공'을 회생시켜 일본에서 '경영의 신'이라 불리는 이나모리 가즈오 교세라 명예회장이 자주 하는 말이다. 그는 전문 분야도 아닌 유기화학, 통신, 항공 분야에 뛰어들어서 멋지게 성공을 거두었다.

"창조란 문외한이 하는 것이다"라는 그의 말은 다소 도발적이다. 전문가의 입장에서 들으면 기분 나쁠 수도 있다. 그러나 그의 말이 전적으로 옳지도 않지만 틀린 것도 아니다.

"그건 안 됩니다!"

전문가일수록 'YES'와 'NO'가 확실하다. 전문가는 자신의 지식과 경험의 범주 안에서는 일처리가 정확하지만 그 범주를 벗어나면 무조건 안 된다고 생각하는 경향이 있다. 평상시 업무 처리 능력은 높은 반면 위기 타개 능력은 낮다. 위기에는 최대 장점이었던 지식과 경험이 오히려 유연한 사고를 가로막는 장벽이 된다.

전문가들은 비전문가를 무시한다. '대체 그 사람들이 뭘 알겠어?'라며 깔보지만 위기가 닥친 원인을 꿰뚫어보는 안목만 있다면 오히려 전문가를 능가하는 해결 능력을 발휘하기도 한다.

시대 변화로 인해 사양길로 접어들고 있던 오페라가 미국에서 화려하게 부활하고 있다. 그 핵심에는 130년 전통의 메트로폴리탄 오페라단이 자리하고 있다. 오페라 단장은 그 분야의 전문가여야 한다는 관례를 깨고, 2006년 음반 회사 사장 출신인 피터 겔브를 단장에 앉혔다. 그는 비전문가이기 때문에 보이지 않는 오페라계의 룰이나 고정관념으로부터 자유로울 수 있었다.

'오페라는 상류층이 즐기는 공연'이라는 고정관념부터 벗겨내야 할 필요성을 느낀 그는 영국의 유명한 영화감독인 안소니 밍겔라에게 <나비부인>, 유명 뮤지컬 <라이온 킹>의 연출가인 줄리 테이머에게 <마술피리>의 연출을 맡겼다. 그들은 누구나 쉽게 접근할 수 있는 새로운 형태의 뮤지컬을 만들었고 대중을 열광시켰다.

또한 장소의 한계를 극복하기 위해 오페라 극장뿐만 아니라 영화관에서도 상영했고, '라이브 뷰잉(Live Viewing)'이라 하여 메트로폴리탄 오페라단의 최신 공연을 위성을 통해 전 세계 극장에서 고화질 HD 영상과 생생한 음향으로 감상할 수 있도록 하였다.

피터 겔브의 모험은 비전문가였기에 가능한 일이었다. 그는 위기의 본질을 꿰뚫어보고 있었다. 세월이 흐르면 유행 따라 옷차림이 바뀌듯이 무대 연출도 바뀌어야 한다고 생각했고, 전통을 고수하는 것보다 많은 사람이 오페라를 관람하도록 하는 것이 더 중요하다고 생각했다. 많은 사람이 쉽고 편하게 오페라를 관람할 방법을 연구했고, 그의 도전은 멋지게 성공했다.

사업에 성공한 사람들은 대체적으로 유연한 사고를 지니고

있다. 결과에 집중할 뿐 형식은 크게 중요하게 생각하지 않는다. 월마트 창업자인 샘 월튼은 말했다.

"내가 한 일의 대부분은 남이 한 일을 모방한 것이다."

그는 경쟁업체와 인기업체의 성공 요인을 분석하고 비교한 뒤, 자신의 매장에 적용했다.

'20세기 최고 경영자'로 불리우는 GE의 전 회장이었던 잭 월치 또한 이렇게 강조했다.

"그것은 합법적이니 더 많은 아이디어를 표절하라."

그는 실제로 GM, 도요타, 모토로라, 포드로부터 노하우를 배웠고, 모토로라와 얼라이드시그널로부터 '식스시그마 운동'을 배워 현장에 적용했다.

벤치마킹은 성공할 수 있는 가장 손쉬운 방법이다. 그러나 수많은 기업이 벤치마킹을 시도하고도 실패하는 까닭은 사상이나 정신 같은 뿌리는 무시한 채 나뭇가지만 벤치마킹하거나, 비교 분석하는 일이 우선시되어야 하는데 현지 사정은 무시한 채 무작정 적용시키려 들기 때문이다.

국가나 지역 간의 장벽이 무너지면서 비즈니스호텔이 여러 나라에서 성행하고 있다. 일본에서는 1986년 일본 요코하마에서 처음으로 호텔업을 시작한 '토요코인' 호텔이 저렴한 가격으로 출장을 다니는 비즈니스맨들에게 사랑받고 있다. 토요코인 호텔은 도어맨 등의 비실용적인 종업원을 대폭 줄이고, 사용 빈도가 낮은 반면 유지 비용이 많이 드는 수영장이나 연회장도 없었다. 대신 비즈니스맨들에게 필요한 빨래, 다림질 도구, 가정식 백반, 인터넷 등을 제공했다. 토요코인 호텔은 한국에도 상륙했는데, 저렴한 가격과 친절한 서비스로 빠르게 지점을 늘려나가고 있다.

중국에서는 이코노미 호텔들이 비즈니스맨과 여행자들을 놓고 치열한 경쟁을 벌이고 있다. 호텔 체인인 홈인은 2002년에 설립되었는데 급속도로 성장해서 2006년 중국 호텔 최초로 나스닥에 상장되었다. 홈인의 운영 방식을 살펴보면 토요코인 호텔을 벤치마킹한 모습을 곳곳에서 발견할 수 있다. 그럴 수밖에 없는 것이 전문경영인인 쑨지앤이 'TTMC' 프로그램을 자체 개발해서 호텔 운영에 반영했기 때문이다. 'TTMC'란 남들과 다른 생각(think), 성공 아이디어 벤치마킹(transfer), 아이디어와 아이디어의 혼합(mix), 현지 실정에 맞게 변형(combine)하여 새로운 것을 만들어냄의 조합이다.

홈인은 외국 호텔의 성공 요인을 비교·분석한 뒤 현지에 새롭게 적용시켜서 성공한 대표적인 케이스이다. 홈인은 2성급 호텔 가격을 받지만 3성급 비품에 4성급 침대를 제공한다. 중국인들의 취향과 특성을 고려한 현지화의 전략이다.

쑨지앤은 상하이의대를 졸업했으나 호주로 유학을 가서 마케팅을 공부했으니 마케팅 쪽에서는 전문가라 할 수 있다. 창조는 문외한이 하는 거라는 이나모리 가즈오의 말과 달리 전문가로서 성공을 거둘 수 있었던 요인은 그의 유연한 사고 덕분이다.

벤치마킹하기 전에 충분히 비교하고 분석할 필요가 있다. 외형적인 요소뿐만 아니라 성공으로 이끈 정신과 사상까지 고스란히 벤치마킹한 다음, 현지 실정에 맞게 새롭게 적용한다면 성공 가능성은 한층 높아진다.

We Call It Life
Because It Is Not Perfect

# Chapter 3

43 Thoughts Which Wins The World

# 흔들어라,
# 마음이 열려야
# 성공의 문도 열린다!

미래에 어떤 일을 하겠노라고 이야기하는 것으로는 명성을 쌓을 수 없다.
_ **헨리 포드**

우리는 성취에 사로잡혀 산다기보다 오히려 욕망에 사로잡혀 살고 있다.
_ **조지 무어**

길을 따라가지 말고, 길이 없는 곳에 가서 길을 남겨라.
_ **랄프 왈도 에머슨**

## 19
## 인간의 감춰진 욕망을
## 자극하라

"우와, 예쁘다!"

매장 앞에 선 늘씬한 마네킹이 입고 있는 옷에 끌려 안으로 들어가면 원하는 사이즈가 없다.

"죄송합니다. 신제품이라서 일부 사이즈만 출시되었습니다. 연락처를 알려주시면 제품이 들어오는 대로 연락드리겠습니다."

점원은 정중하게 양해를 구하고, 손님은 실망한 채 돌아선다. 손님은 전혀 의식하지 못하지만, 잠깐 동안 신상품과 관련된 중요한 정보를 의류 회사에 제공했다.

최근에는 눈 부위에 카메라가 내장된 마네킹이 점점 늘어나고 있는 추세다. 옷을 처음 발견했을 때의 표정이나 반응은 물론이고 되돌아와서 옷을 만지작거리며 아쉬워하는 모습까지 고스란히 촬영된다. 신제품에 대한 손님의 호응도를 정확히 판단할 수 있기 때문에 촬영된 정보는 마케팅에 이용된다.

거리를 걷다 보면 마네킹이 입었던 신상을 걸친 여자들을 쉽게 찾아볼 수 있다. 하나같이 '이기적인' 몸매를 지닌 늘씬한 여성들이다. 의류 회사에서는 신제품을 출시할 때 의도적으로 가장 작은 사이즈를 먼저 출시하기 때문에 이런 현상이 빚어진다. 늘씬한 마네킹에게 입힌 옷이 예뻐 보이듯, 늘씬한 여자들이 입고 다니는 옷 또한 예뻐 보인다. 다른 소비자들로 하여금 '나도 입고 싶다!'는 욕망을 불러일으키기 위한 고도의 전략이다. 마케터들이 이런 전략을 쓰는 까닭은 '소유하지 못한 욕망은 쉽게 사그라지지 않는다'는 사실을 잘 알고 있기 때문이다.

"물량이 빠르게 소진되고 있습니다. 4분 29초 남았습니다. 지금 아니면 절대 이 가격에 살 수 없습니다. 마지막으로 20분만 더 모시겠습니다. 서두르세요!"

노련한 쇼핑호스트일수록 소비자에게 지금 사지 않으면 상당한 손해를 볼 것만 같은 불안감을 심어준다. 대다수 주부가 충동구매를 하는 이유도 끓어오르는 욕망을 자제하지 못하기 때문이다.

현대 쇼핑의 특징 가운데 하나는 이미 갖고 있는 물건을 새로 구입하거나 불필요한 물건들까지 구매한다는 점이다. 필요와 상관없는 물건을 구매하는 심리적 욕망은 충동적이면서도 복합적이다. 인간은 끊임없이 무언가를 갈구한다. 그 물건이 개성, 출세, 명예, 꿈, 행복 등과 같은 자신의 욕망과 일치할 때 강렬하게 끓어오른다. 현대 마케팅은 소비자의 감춰진 심리를 자극한다.

우리 안에는 왕이나 귀족처럼 살고 싶은 욕망이 숨어 있다. 욕망을 자극하는 대표적인 '귀족 마케팅'은 전통적인 기법 가운데 하나다. 세상이 빠르게 바뀌면서 욕망의 종류가 다양해지고 색채도 다채로워지고 있지만 특별한 사람이 되고 싶다는 욕구만큼은 조금도 변함이 없다.

훌륭한 마케터들은 부자들의 지갑을 열기 위해 끝없이 욕망을 자극한다. 파레토의 법칙을 활용해서 20퍼센트의 소비자에게 집중되던 귀족 마케팅은 소비자를 선별해서 0.001퍼센트를 위한 마케팅을 펼치기도 한다.

2005년 세계적인 명품시계 브랜드인 바쉐론 콘스탄틴은 창립 250주년을 기념해서 '세계에서 가장 정교한 손목시계'라는 뜻을 지닌 'Tour de l'Ile'를 7개만 한정 생산했는데, 가격은 15억 원을 호가한다. 2010년 파리 모터쇼에서 처음 공개된 람보르기니의 세스토 엘레멘토는 20대만 한정 생산했는데, 가격은 무려 30억 원에 이른다. 샤넬은 악어가죽 핸드백에 334개 다이아몬드를 장식해서 만든 '다이아몬드 포에버'를 13점만 한정 생산했는데, 그 가격은 무려 3억 원에 이른다.

'한정 생산'은 귀족 마케팅에서 즐겨 쓰는 수법이다. 한정 생산을 하면 제품에 대한 '스토리(story)'가 입혀져서 입소문을 타게 되며, 희소성 때문에 그 제품 가치가 높아진다. 또한 돈이 있어도 구입할 수 없는 특별한 상황은 소비자로 하여금 특별한 사람이 된 것 같은 착각에 빠지게 하는데, 이런 느낌은 중독성이 높아 한 번 빠져들면 쉽게 헤어나지 못한다.

귀족 마케팅은 고수익인 데다 고정 고객이 확보되어 있기 때문에 다른 마케팅에 비해 비교적 경기를 덜 탄다. 귀족 마케팅이 서민들로 하여금 빈부 격차에 의한 소외감을 부추긴다는 지적이 끊임없이 제기되고 있지만, 사업가 입장에서는 관심을 가질 수밖에 없다. 박리다매 방식의 저가 마케팅은 홍보비나 광고비, 인건비 등의 비용을 최대한 다이어트하지 않으면 이익을 남길 수 없다. 반면 귀족 마케팅은 '타깃'만 제대로 설정한다면 큰 고통 없이 이익을 남길 수 있다.

공동체사회에서 개인 위주의 사회, 산업사회에서 지식정보화사회로 바뀌면서 개성적인 삶에 대한 관심과 욕구가 높아지다 보니 자동차, 시계, 핸드백, 화장품 등과 같은 사치품 위주의 귀족 마케팅이 생활 전반으로 퍼져 나가고 있다. 생수, 쌀, 유아용품 등등의 필수품 시장에까지 귀족 마케팅이 성행하고 있는데, 이런 현상은 한동안 이어질 전망이다.

사업을 준비 중이거나 기존 제품의 판매가 지지부진하다면 귀족 마케팅을 한 번쯤 생각해볼 필요가 있다. 제품에 맞는 적절한 고객을 찾아내고, 새로운 가치를 창조하고, 그들의 니즈(Needs)에 맞게끔 제품을 변경하고, 스토리를 가미해서 체험을 함께 공유한다면 의외로 쉽게 성공할 수도 있다.

영국 속담에 이런 말이 있다.

'욕망은 인류의 주인이다(Wants is the master of mankind).'

지갑을 열고 싶다면 주저하지 말고 욕망을 자극하라. 인간은 선천적으로 지갑을 열 운명을 타고난 종족이다.

## 20
## 세상이 복잡해질수록
## 단순한 매력에 끌린다

14세기, 영국의 오컴에 살던 프란체스코 수사이자 철학자였던 윌리엄은, 이론체계는 간결할수록 좋다는 논리를 펼쳤다. 같은 현상을 주장하는 두 개의 이론이 있다면 단순한 이론을 선택하는 게 옳다는 논리로서, 이른바 '오컴의 면도날 법칙'이라 불린다.

실체가 필요 이상으로 늘어나는 것을 경계하고 있어서, '경제성의 원리(Principle of economy)'라고 불리는 그의 이론은 훗날 루터의 종교개혁을 이끌었고, 복잡했던 천동설에 비해 단순했던 지동설을 탄생시키는 등 근세 과학의 근간을 이루었다.

'단순함'은 현대 비즈니스에서 주목하고 있는 중요한 키워드 중 하나다. '신발 한 켤레를 사면 제3세계 어린이에게 신발

한 켤레를 기부'하게 되는 '탐스슈즈'로 놀라운 성공을 거둔 마이클 블레이크는 자서전 『탐스 스토리』에서 단순한 비즈니스 모델, 단순한 디자인, 단순한 업무 처리가 효율적이기 때문에 성공 가능성 또한 높다고 말한다.

소셜커머스(Social commerce, 공동으로 파격적인 가격에 특정 상품이나 서비스를 구매할 수 있는 온라인 상거래. 주로 트위터나 페이스북 같은 SNS를 통해 소문이 확산된다)의 원조는 2008년 미국에서 설립된 그루폰이다. '여러 사람이 공동으로 쿠폰을 이용하면 싼값에 물건이나 서비스를 이용할 수 있다'는 단순한 생각에서 출발한 사업이다. 사업 아이템은 단순했지만 성장 속도는 놀라웠다. 아이템 자체가 단순해서 소비자가 쉽게 이해할 수 있었기 때문이다. 회원수가 눈덩이처럼 순식간에 불어나서 포브스가 '세계에서 가장 빠르게 성장하는 기업'으로 선정할 정도였다.

그루폰에 이어서 2위를 달리고 있는 리빙소셜의 사업 아이템도 지극히 단순했다. 인터넷의 힘을 빌려 지역 상권을 활성화시킬 요량으로 시작한 사업이었다. 동네 가게와 그 지역 소비자를 연결해주었는데, 입소문을 타고 사업은 급성장했다.

단순한 비즈니스가 소비자들의 마음을 쉽게 파고드는 까닭은 세상이 점점 복잡해지기 때문이다. 수많은 사업이 탄생하고, 수많은 제품이 쏟아지다 보니 소비자들의 뇌는 극심한 피로를 느끼고 있다.

"뭐가 이렇게 복잡해?"

소비자들의 불만에 귀를 기울인 기업이 성공하게 마련이다. 저렴한 가구를 앞세워 전 세계 가구업계를 장악한 이케아도 그런 케이스다. 이케아는 비용을 절감하기 위해 소비자가 직접 구매해서 조립하는 방식을 고수하다 보니, 가구를 최대한 단순화시킬 필요가 있었다. 그들은 '단순한 아름다움'을 앞세워 소비자의 마음속으로 파고들었다.

'단순하다'는 것은 쉽고 간단해 보이지만 사실, 그것은 고수의 경지다. 복잡함 속에서 질서를 찾던 화가도 나이를 먹고 원숙해지면 선과 구성이 단순해진다. 골프 스윙도 고수일수록 간결하다.

스티브 잡스는 문제의 본질을 보려고 노력한 CEO다. 본질을 보기 위해서는 본질을 가리고 있는 불필요한 것들을 먼저 제거해야 한다. 그러다 보면 '단순함'에 직면하게 된다. 그는 "디자이너에게 완벽함이란 무언가를 추가할 것이 없는 상태가 아니라, 더 이상 버릴 것이 없는 상태다"라는 생텍쥐페리의 명언을 실천한 몇 안 되는 CEO였다.

1997년 애플로 복귀한 그는 복잡한 홈페이지를 단순화시켰고, 제품 라인을 단순화했다. 단순함이 소비자에게 신뢰를 주고, 제품에 대한 믿음을 준다는 사실을 그는 이미 파악하고 있었다.

　2006년에 출시된 전원연결 장치 맥세이프(magsafe)는 전원 케이블이 발에 걸려서 노트북이 파손되는 사태를 막기 위한 것으로 사용자들에게 각광을 받았다. 전원연결부를 자석으로 연결해서 어느 정도의 힘이 가해지면 저절로 선이 떨어지는 이 아이디어는 일본의 전기밥솥과 월마트에서 판매하는 튀김 기계에서 이미 사용되고 있었다. 스티브 잡스가 아이디어를 도용하고서도 당당할 수 있었던 까닭은 '소비자들이 겪고 있는 고질적인 문제를 간단히 해결했다'는 단순한 논리에 끌렸기 때문이다. 그는 자신의 자서전에서 훌륭한 아이디어를 훔치길 주저한 적은 한 번도 없다며, 애플 직원들에게 타인의 것을 서슴없이 훔치는 도적 떼처럼 행동하기를 주문했다.

아이팟과 아이폰의 장점은 단순한 디자인과 매뉴얼 없이도 사용 가능한 단순한 사용법이다. 스티브 잡스가 첨단 기기를 단순화시키기 위해 고심한 까닭은 소비자들이 전문가가 아니기 때문이다.

스티브 잡스는 단순함에 대해서 이렇게 말했다.

"단순함은 복잡함보다 어렵습니다. 생각을 단순하고 명료하게 하려면 더 열심히 노력해야 합니다. 그럴 만한 가치는 충분합니다. 한 번 그러한 단계에 도달하면 산도 움직일 수 있습니다."

잡다한 정보가 폭우처럼 쏟아지고, 세상이 복잡해질수록 단순해질 필요가 있다. 왜 복잡한 기술을 소비자가 일일이 알아야 하는가? 굳이 살을 붙이려고 하지 말라. 오히려 깎아내고 또 깎아내라. 더 이상 깎아낼 게 없을 때까지⋯⋯.

21
## 가장 훌륭한 인테리어는 배려다

"아, 진짜 예쁘네요!"

홍대 쪽에서 레스토랑을 오픈한 지인의 가게에 들어서며 모두가 탄성을 질렀다. 실내를 꼼꼼히 둘러보고 나니 유명한 인테리어 디자이너에게 맡기는 바람에 예상보다 비용이 초과됐다는 지인의 말이 실감났다.

음식의 맛도 훌륭해서 우리 일행은 기분 좋은 덕담을 한 뒤에 레스토랑을 나섰다. 레스토랑은 모두의 예상대로 한동안 성황을 누렸다. 다시 찾아간 건 10개월쯤 지나서였다. 한창 분주해야 할 저녁 시간인데 가게가 한산했다. 오랜만에 만난 지인은 불황을 탓했지만 동행한 이의 말은 달랐다.

"서비스가 엉망이야! 종업원 교육이 전혀 안 되어 있더라고."

그동안 몇 번 왔었다는 그는 귀엣말을 하며 머리를 절레절레 흔들었다.

"개업한 지 한 달쯤 됐을까? 친구와 저녁을 먹기로 했는데 친구가 약속 시간에 늦은 거야. 가게가 손님들로 꽉 차서 가뜩이나 미안해하고 있는데 종업원들이 은근히 눈치를 주더라고. 커피 리필 좀 부탁했더니 무시하는 건지, 잊어버렸는지 감감 무소식이고……. 그 뒤로도 비슷한 일이 두세 번 더 있었어."

아무리 아는 사람의 가게이고 인테리어가 훌륭하더라도, 기분을 상해 가면서까지 가게를 찾을 이유는 없었다. 종사자들의 불쾌한 행동은 엘리베이터에서 뀐 방귀와 같아서 금세 퍼져나간다. 그 사실을 모를 거라고 생각하는 사람은 방귀 뀐 종사자들뿐이다.

서비스 종사자들에게 가장 중요한 덕목 중 하나는 '고객의 입장에서 생각하기'이다. 그러나 인간은 지극히 이기적인 동물이기 때문에 고객을 내 몸처럼 배려하기란 쉽지 않다.

포시즌스는 캐나다 토론토에 본사를 둔 고급 호텔 체인이다. CEO인 이사도어 샤프는 서비스업의 본질을 일찍이 깨닫고 그것을 현장에 접목시켜왔다. 1961년 호텔업을 시작한 이래로 24시간 대기 서비스, 객실 내 헤어드라이어 비치, 피트니스센터 설치 등등 지금은 일반화된 수많은 서비스를 업계 최초로 시작했다. 포시즌스 호텔의 서비스는 친절하기로 유명해서, 애플이 2001년 버지니아 주에 첫 번째 애플스토어를 개장할 때 벤치마 킹했을 정도다.

이사도어 샤프는 호텔을 찾는 고객의 바람은 사치스러운 인테리어가 아니라, 마음에서 우러나오는 참된 배려라는 사실을 깨달았다. 그래서 직원 교육을 시킬 때 가장 강조하는 마인드는 '공감'이다. 고객의 불편한 심정을 공감해야만 '나라면 이런 서비스를 받고 싶지 않을까?'라는 생각이 떠오르게 되고, 거기에 맞는 적절한 서비스를 실천할 때 비로소 고객을 배려하게 된다는 것이다.

포시즌스는 <포춘>에서 매년 발표한 '가장 일하고 싶은 100대 기업'에 1998년에 처음 선정됐다. 그 후로 지금까지 한 번도 빠짐없이 선정되고 있다. 그 비결은 인간 중심의 경영에 있다. 간부들은 일선 직원들을 고객처럼 친절하게 대하고, 일선 직원들은 고객에게 최상의 서비스를 제공하기 위해서 노력한다. 포시즌스가 불황을 견뎌내고 꾸준하게 성장할 수 있었던 까닭은 그들의 친절이 이파리에서 시작된 게 아니라 뿌리와도 같은 기업문화에서부터 시작되었기 때문이다.

"가장 친절한 온라인 쇼핑몰은 어디일까?"

만약 미국인들에게 이 질문을 던진다면, 온라인 신발 쇼핑몰업체인 자포스를 말하는 사람이 적잖으리라. 돌아가신 어머니의 신발을 반품하려고 했더니, 택배 기사를 보내 신발 반품을 처리해준 것은 물론이고 근조 화환까지 보내준 서비스 사례는 이제 전설이 되다시피 했다. <하버드 비즈니스 리뷰>는 '고객을 위해서 끝까지 간 회사'라는 말로 자포스의 서비스 정신을 표현하였는데, 이런 정신을 높이 산 아마존은 2007년 12억 달러라는 거금을 투자해서 자포스를 인수 합병하였다.

자포스의 기업문화인 '전설적인 서비스'를 이룩한 사람은 창업자 토니 세이다. 그는 유년 시절부터 장사를 좋아해서 돈이 될 만한 것은 무엇이든지 만들어 팔았다. 1996년 전 세계적으로 IT 붐이 불기 시작하자, 그는 다니던 회사를 그만두고 하버드 동기생과 함께 인터넷 광고 회사인 '링크 익스체인지'를 설립했다. 그로부터 2년 뒤, 마이크로소프트가 2억 6,500만 달러라는 거금을 들여 인수했고, 불과 25세에 엄청난 갑부가 된 토니는 마이크로소프트를 나와 엔젤 투자가로 나섰다.

자포스는 토니가 투자한 회사 중 하나였다. 곁에서 지켜보던 그는 임직원들의 열정에 반해서 직접 경영에 뛰어들었다. 토니는 경영자가 아무리 '고객 만족'을 떠들어도 직원들 스스로 변화하지 않으면 공허한 소리라는 사실을 경험을 통해 잘 알고 있었다. '고객 만족'은 경영자가 열정과 즐거움으로 가득 찬 직장을 직원들에게 제공하고, 직원들의 즐거움이 고객에게 전달될 때야 가능하다고 생각한 그는 아예 기업문화를 바꿨다. '보수를 받기 위해서 좋든 싫든 일하는 직장'이 아닌 '즐거움과 행복이 넘치는 직장'을 만들기 위해 노력했고, 그러한 노력은 전설적인 서비스로 이어졌다.

신입 직원을 채용할 때 자포스가 가장 중요하게 여기는 덕목은 '문화 적합성(Culture Fit)'이다. 직원이 자포스의 철학과 기업문화를 몸과 마음으로 받아들여만 고객과 불협화음이 생기지 않기 때문이다. 토니는 아마존에 인수 합병된 뒤에도 여전히 자포스를 이끌고 있다. 서비스에 관심이 있다면 전 세계적으로 유명해진 자포스의 '10가지 가치 이념'에 대해 한 번쯤 곰곰이 생각해볼 필요가 있다.

① 서비스를 통해 '와우(WOW)'의 경험을 선사한다.

② 변화를 적극 수용하고 추진한다.

③ 재미와 약간의 희한함을 창조한다.

④ 모험정신과 독창적인 열린 마음을 유지한다.

⑤ 성장과 배움을 추구한다.

⑥ 적극적인 의사소통을 통해 열린 관계를 구축한다.

⑦ 긍정적인 '팀정신'과 '가족정신'을 조성한다.

⑧ 좀 더 작은 자원으로 좀 더 많은 성과를 낸다.

⑨ 열정적이고 결연한 태도를 유지한다.

⑩ 겸손한 자세를 유지한다.

인테리어가 아무리 훌륭하다고 한들 벙어리는 칭찬할 수 없고, 귀머거리는 들을 수 없다. 반면 '친절은 벙어리도 말할 수 있는 언어요, 귀머거리도 들을 수 있는 언어'라고 했다. 친절은 세계 어디를 가도 환영받는다. 반복적으로 직원들을 교육시키고 엄격하게 벌점을 먹인다면 직원들의 불친절을 어느 정도 개선시킬 수는 있다. 그러나 절대로 친절을 몸에 배게 할 수는 없다. 처음부터 인성 좋은 직원을 선발해서 교육시킨다 한들 한계가 있다. 고객을 진심으로 배려하는 마음은 이론이 아닌, 기업 문화에서 시작되기 때문이다.

## 22
## 마술사보다는
## 스토리텔러가 되라

한국인들은 감정을 희로애락(喜怒愛樂)으로 분류한다. 반면, 찰스 다윈은 1872년에 출간한 책 『인간과 동물의 감정 표현에 대하여』에서 인간이 표현할 수 있는 기본 감정을 기쁨, 슬픔, 공포, 혐오, 놀람, 분노로 나누고 있다.

사실, 인간의 감정은 이보다 종류도 많고 복잡하다. 인터넷 신조어인 '웃프다'라는 말처럼 '웃기지만 슬픈' 감정을 느낄 수 있는 게 인간이다. 한국인이 일상에서 자주 사용하는 감정을 표현하는 단어는 '한국감성과학학회'가 연구를 위해 추린 것만 해도 무려 504개나 된다고 하니, 인간이 얼마나 복잡한 감정을 지닌 동물인지 미루어 짐작해볼 수 있다.

인간은 자신의 감정을 느끼고 표현할 수 있는 능력과 함께 타인의 감정을 느끼며 공감할 수 있는 능력을 지니고 있다. 이러한 공감 능력은 아동 발달 전문가들의 연구에 의하면 생후 18개월에서 30개월 정도가 지났을 때부터 생성된다고 한다. 나와 타인을 구분할 줄 알게 되고, 타인의 감정을 공유할 수 있는 능력을 갖춤으로써 사회적 동물로 살아갈 기반을 마련하는 것인데, 이러한 공감 능력은 성인이 될수록 점점 커져간다.

슬피 울고 있는 사람만 봐도 왠지 슬퍼진다. 거기다가 그 사람이 눈물을 터뜨리기까지의 스토리를 알고 나면 공감대는 증폭되고, 슬픔은 배가된다. 소설이나 영화를 보다가 펑펑 눈물을 흘리는 까닭도 주인공의 세세한 스토리를 인지하고 동화하기 때문이다.

사람들은 저마다 스토리를 지니고 있다. 대인관계에서도 사적인 자리에서 가족 이야기나 고민 등과 같은 개인적인 이야기를 털어놓으면(심리학 용어로는 '자기 노출'이라고 한다) 상대방과 쉽게 친해질 수 있다. 공감대가 형성되면서 자연스럽게 호감이 생기기 때문이다.

'스토리'를 통한 공감대 형성은 전혀 모르는 사람에게도 통한다. 실제 예를 들어보자.

'저는 장님입니다. 도와주세요(I'M BRIND, PLEASE HELP)!'
거리에서 장님이 구걸을 하고 있었다. 행인들은 슬쩍 돌아보고는 분주한 발걸음을 옮겼다. 한 청년이 걸인의 앞을 지나쳐가려다가 되돌아와서 박스의 문구를 바꿔주었다.

'날씨가 참 좋네요. 하지만 저는 볼 수가 없답니다(IT'S A BEAUTIFUL DAY AND I CAN'T SEE IT).'

행인들은 발걸음을 잠시 멈췄고, 걸인에게 다가가서 돈을 건네주기 시작했다.

'현대 광고의 아버지'라 불리는 데이비드 오길비의 유명한 일화다. 그는 평범했던 문장에 스토리를 불어넣음으로써 행인들의 감성을 흔들었다. 대표적인 감성 마케팅이라 할 수 있다.

스토리는 인류의 오랜 유산이다. 인간이 스토리에 끌리는 까닭은 지난 과거를 기억하거나 짐작할 수 있고, 다가올 미래를 상상할 수 있는 능력을 지니고 있기 때문이다. 교통사고로 아이를 잃은 어머니가 슬피 우는 광경을 보면 아이를 둔 어머니는 대다수가 눈물을 흘린다. 자신의 경험에 비추어서 아이와 행복했던 추억을 짐작할 수 있고, 아이 없이 살아야 할 쓸쓸한 날들을 상상할 수 있기 때문이다.

스토리가 공감하는 데 중요한 수단이라는 사실을 깨달은 것은 비단 작가만이 아니다. 기업도 소비자와 공감대를 형성하기 위해 스토리에 주목하고 있다.

세계 1위의 경매 회사인 크리스티는 단순히 작품, 그 자체만을 경매에 붙이지 않는다. 그들은 사람들이 관심을 가질 만한 스토리 발굴에 심혈을 기울인다. 마릴린 먼로의 이브닝드레스를 경매에 붙이기 전, 그들은 드레스 뒤에 숨어 있는 스토리를 찾아 나섰다. 결국 6,000개의 모조 다이아몬드가 박힌 새하얀 드레스가 1962년 5월, 존 F. 케네디 대통령의 생일 파티가 열렸던 뉴욕 매디슨 스퀘어가든에서, 생일 축하 노래를 부를 때 입었던 드레스라는 역사적인 사실을 찾아냈다.

1999년 10월, 뉴욕 크리스티 경매에서 마릴린 먼로의 소장품들이 경매에 붙었는데, 이 드레스는 '생일 축하해요, 대통령 각하 드레스(Happy Birthday, Mr. President Dress)'라는 이름을 달고 출품되어, 낙찰 예정 가격보다 100배가량 높은 126만 달러에 낙찰되었다.

스토리는 사양산업에도 생명을 불어넣는다. 서커스가 퇴물 취급을 받던 1984년, 캐나다에서 두 명의 거리 공연자가 새로운 형태의 공연을 시작했다. 그 뒤 30년이 흐르는 동안 '태양의 서커스'는 6개 대륙 300여 개의 도시에서 공연을 펼쳤고, 이를 1억 명이 넘는 사람들이 관람했다. 이에 영감을 얻은 영화계의 거장들이 나서서 얼마 전에는 3D 애니메이션 영화로 제작되기도 했다.

'태양의 서커스'의 성공 비결 중 일등공신을 꼽는다면 바로 스토리다. 놀라운 묘기에다 스토리를 입힘으로써, 관객의 눈과 마음을 사로잡았다. 그들의 공연 중에는 태양 가까이 날아갔다가 밀랍이 녹는 바람에 추락하는 '이카루스'처럼 스토리의 흐름을 정확히 알 수 있는 공연도 있지만, 관객이 공연을 보며 각자 스토리를 창작해나가는 추상적인 공연도 있다. 공연 기획자들이 스토리가 몰입도를 높여주고, 공감대를 형성해서 감동을 불러일으키고, 공연의 품격을 높여준다는 사실을 눈치채지 못했다면 서커스는 이미 오래전에 사라졌을 확률이 높다.

스토리는 공연뿐만 아니라 제품에도 생명을 불어넣는다. 미국의 유명 화장품 회사인 베네피트는 일란성 쌍둥이인 포드 자매가 창업한 기업이다.

화장품이 불황기에도 팔리는 이유는 예뻐지고 싶은 여자의 마음 때문이다. 경쟁사들이 '예쁘면서도 능력 있는 연예인'을 앞세워 소비자들로 하여금 대리만족을 느끼게 할 때, 베네피트는 본질적인 질문을 던졌다.

"여자들은 왜 예뻐지고 싶어 하는 걸까?"

남자들에게 주목받고 싶고, 떠나려는 연인을 붙잡고 싶고, 연인에게 사랑받고 싶고, 때로는 영화 속 주인공처럼 지루한 일상에서 탈출해 짜릿한 모험을 즐기고 싶은 게 여자의 마음이라는 사실을 파악한 베네피트는 제품에 여자들만의 스토리를 입히기 시작했다.

'소피아에게는 뭔가 특별한 게 있어', '날 만져봐, 그리고 떠날 수 있다면 떠나', '우리 집 아니면 너희 집으로, 지나' 등등의 제품명으로 소비자의 감성을 자극하는가 하면, 제품 겉면에 스파이걸 같은 캐릭터를 새겨넣어 화장하는 여자들을 무한한 상상의 세계로 빠져들게 했다.

훌륭한 스토리텔러의 기존 조건은 '본질을 꿰뚫어볼 수 있는 안목'이다. 사람은 물론이고, 모든 제품은 자체적으로 '독특한 아름다움'을 지니고 있다. 훌륭한 스토리텔러는 그 아름다움을 찾아내어 더욱 빛나게 한다.

스토리텔러는 현대의 마술사다. 마술사는 무수한 연습을 통해 탄생하지만 스토리텔러는 무수한 질문을 통해 탄생한다. 훌륭한 스토리텔러가 되고 싶다면 항상 '왜?' 하고 묻는 습관을 길러야 한다. 질문을 던지고 답을 찾기 위해 고심하는 사이, 서서히 본질을 꿰뚫어볼 수 있는 안목이 길러진다.

## 23
# 사람은 첫인상으로 평가받고,
# 제품 가치는 디자인에서 결정된다

리처드 닉슨은 젊었을 때 FBI 채용시험을 보았는데, FBI 국장이었던 존 에드거 후버로부터 '얼굴이 어둡다'는 평을 들었다. 세월이 흘러 부통령이 된 닉슨은 공화당 후보로 선거에 나왔다. 그는 우세하다는 정치평론가들의 예상에도 불구하고 텔레비전 토론에서 존 F. 케네디에게 역전당해 낙선했다. 후보자들의 토론을 라디오를 통해 들은 사람들은 닉슨이 잘했다고 평가했지만 텔레비전을 본 사람들은 케네디의 손을 들어줬다.

그로부터 8년 뒤인 1968년, 닉슨은 다시 선거에 출마했다. 이번에는 최대한 밝고 건강하게 보이기 위해 밀짚모자를 쓴 소녀를 대동하고 다녔고, 선거 단상은 뛰어오르는 등 여러모로 이미지메이킹(image making)에 신경 썼다. 결국 그는 자신의 최대 약점인 텔레비전 토론을 거부하였고, 선거에서 승리해 37대 대통령이 되었다.

아무리 배포가 큰 인물이라 할지라도 사회 활동을 하는 이상, 타인의 평가로부터 자유로울 수는 없다. 어떤 계기로 인해 타인이 평가한 첫인상을 스스로 인정하게 되면 자신감은 뚝 떨어진다.

취업난이 심각해지면서 성형을 적극적으로 고려하는 구직자들이 적지 않다. 특히 나보다 스펙이 약하다고 생각했던 동기는 합격했는데 나만 불합격 통보를 받게 되면, '내가 첫인상이 안 좋나?'라는 생각부터 하게 된다. 울적해 있던 차에 누군가로부터 외모에 대한 지적을 받자면 본격적으로 성형을 고민하게 된다.

'학벌 차별은 물론이고 외모까지 차별하는 나라'라는 불평불만이 여기저기서 터져나오자, 일부에서는 이력서 사진을 없애고 블라인드 면접으로 직원을 뽑아야 한다고 목청을 높인다. 그러나 텔레마케터를 뽑는 자리도 아닌데, 함께 일할 사람을 얼굴조차 보지 않고 뽑는다는 것도 우스운 일이다.

첫인상은 대개 5~6초 안에 결정되는데, 그 느낌은 오랫동안 바뀌지 않는다고 한다. 첫인상이 좋으면 왠지 다른 능력도 뛰어날 것 같은 느낌을 주는데 심리학에서는 이를 '초두 효과'라고 한다.

인간의 첫인상은 개개인의 경험과 취향에 따라서 달라지기 때문에 굳이 성형을 하지 않더라도 노력하면 어느 정도는 바꿀 수 있다. 가장 중요한 것은 자신감이다. 먼저 '나는 회사에서 원하는 인재상이다'라는 이미지 트레이닝을 한 뒤에 그에 걸맞게 헤어스타일이나 옷차림 등으로 이미지메이킹을 해야 한다. 면접장으로 들어설 때는 눈을 맞추면서 미소를 짓고, 자신감 있는 목소리로 인사를 한다면 첫인상에서 좋은 점수를 얻을 수 있다. 면접을 볼 때도 미소를 잃지 않고, 반듯한 자세로 차분하게 생각을 말할 필요가 있다.

사실, 첫인상에 대한 선입견은 사람보다 제품이 훨씬 심하

다. 소비자들은 나름대로 제품을 보는 안목이 있고, 저마다 독특한 취향을 갖고 있다. 거기다가 정보화 시대를 살아가는 소비자답게 미적 감각 또한 높다.

인간의 뇌는 소비를 통해 행복을 맛보며 제품을 자신과 동일시하는 경향이 있다. 좀 더 우아하고, 더 고급스럽고, 더욱 똑똑해지고 싶은 소비자들의 마음에 쏙 드는 제품을 내놓기란 사실 쉽지 않다.

중국의 트렌디 가구 회사인 커바오 볼로니의 차이밍 총경리는 독일 퀼른에서 열린 가구전시회에 갔다가 이탈리아 주방 기구를 보고 충격을 받았다. 선과 칼라, 디자인이 중국에서 보지 못했던 아름다움이었다. 한 단계 업그레이드할 중요한 순간이 찾아왔다고 느낀 그는 전시회에 참가한 주방 기구 회사 제품을 좀 더 보기 위해서 이탈리아로 떠났고, 23일 동안 이탈리아에 머물면서 주방 기구를 샅샅이 둘러보았다.

마침내 부러움은 도전정신으로 바뀌어 이탈리아 주방 기구 못지않은 제품을 만들겠다고 다짐하기에 이르렀다. 그는 실용적이면서도 품격 있는 디자인을 갖춘 주방 기구를 만들기 위해 고심했고, 그 결과 커바오 볼로니는 3년 만에 중국을 대표하는 주방 기구 회사로 성장했다.

제품 디자인이란 '첫인상'이다. 여기서 밀리면 아무리 품질이 뛰어나고 성능이 좋다 해도 소비자의 사랑을 받기 힘들다.

애플의 아이팟과 아이폰 신화를 지켜본 기업들은 새삼 디자인의 중요성을 절감했고, 저마다 디자인에 사활을 걸고 있다. 삼성의 이건희 회장은 21세기 기업의 승부처, '디자인'을 꼽을 정도다.

이제 사업에서 성공하려면 나의 첫인상 못지않게 제품의 첫인상에도 신경을 써야 한다. 만약 아직까지도 디자인은 디자이너의 몫이라는 고리타분한 생각을 갖고 있다면 로트만 비즈니스스쿨(토론토대학 MBA 과정) 학장인 로저 마틴의 말을 명심할 필요가 있다.

"사업가가 디자이너를 깊이 이해해야 할 필요는 없다. 사업가가 곧 디자이너가 되어야 하기 때문이다."

## 24
## 장점은 제품에
## 날개를 달아준다

"광고란 잘 안 보이던 진실을 제대로 보게 하는 돋보기다."

중국의 유명 광고 회사 화위화의 대표이사인 화시안의 말이다. 제품 스스로 말하게 하라는 게 그의 지론이다.

하지만 광고란 항상 진실 속에서만 머무는 건 아니다. 때로는 진실을 훌쩍 뛰어넘어 과장의 세계로 인도한다. 자동차 연비를 속이거나 식품 성분을 속이는 식의 허위·거짓, 과장 광고는 심의에 걸려 제제 대상이 된다. 심의에 걸리지 않으려면 논란이 없게끔 아주 '빤한 과장' 광고여야만 한다. 과장 광고는 일단 재미가 생명이다. 기업이 빤한 과장 광고를 하는 이유는 제품의 장점을 최대한 부각시킬 수 있기 때문이다.

세계적인 배송전문 회사인 DHL과 페덱스의 광고 역시 과장 광고가 대부분이다. 배송업체의 기본은 신속성 · 안정성 · 정확성인데, 두 회사는 흥미롭고 위트 넘치는 과장 광고를 통해 배송업체의 장점을 소비자의 머릿속에 각인시킨다.

DHL은 도심에서 차가 막히면 하수구를 통해 배송하거나 스파이더맨이 허공을 날아서 배송하고, 바다가 가로막고 있으면 스킨스쿠버를 통해 배송한다. 페덱스는 화재 현장에 제일 먼저 달려가서 소방차를 배송하고, 포장지에 물건을 넣자마자 받을 정도로 신속하게 배송하고, 거리에 좀비가 득실거려서 꼼짝달싹 못하는 긴급한 상황에서도 페덱스 직원이 좀비 치료제를 들고 유유히 나타난다. 기발한 아이디로 회사의 장점을 부각시킨 과장 광고의 좋은 사례라 할 수 있다.

과장 광고는 흥미를 유발시키기 때문에 제품의 장점을 효율적으로 전달할 수 있다. 과장 광고 등을 이용한 뛰어난 마케팅으로 급성장한 제품이 있는데, 바로 오스트리아의 에너지 음료인 레드불이다. 국내에서는 롯데칠성의 핫식스가 가장 높은 점유율을 차지하고 있지만 전 세계 에너지 음료 점유율 1위는 레드불이다.

레드불은 원래 타이의 가난한 농부 출신인 찰레오 유비디야라는 사람이 만든 크라팅 다엥을 오스트라이 출신인 디트리히 마테쉬츠가 서양인의 입맛에 맞게끔 변형시킨 것이다.

크라팅 다엥은 한국의 박카스와 유사한 에너지 음료수로,

아시아 일부 지역에 판매되고 있었다. 빈대학 무역학과를 졸업하고 글로벌 치약 회사인 블렌닥스 아시아 담당 마케팅 부장으로 일하고 있던 디트리히 마테쉬츠는 타이에 태국 출장을 갔다가 직접 맛을 본 뒤 그 효능에 매료되었다. 에너지 음료 시장이 팽창할 것을 직감한 그는 시장 조사를 거쳐 에너지 음료 시장에 뛰어들었다. 승부처는 '어떻게 장점을 부각시키느냐?' 하는 것이었다. 힘을 집중시킬 필요성을 느낀 그는 생산과 물류는 아웃소싱하고, 제품 개발과 마케팅에만 전력을 기울였다.

초창기에는 에너지 음료의 특성을 살리기 위해 클럽과 나이트클럽을 찾아다니며 무료로 나눠주었다. 소비자에게 '졸음을 쫓아내고 에너지를 북돋워주는 음료'라는 인식을 심어주기 위함이었는데, 젊은이들 사이에서 '마약 성분이 들어 있다'는 예상치 못한 소문이 퍼지면서 급속도로 인지도가 높아졌다.

레드불은 음료 시장을 주도하고 있는 탄산 음료와 차별성을 두기 위해 고가정책을 택했고, 수익의 상당 부분을 광고와 마케팅에 투자했다. '레드불은 당신에게 날개를 달아드립니다(Red Bull gives you wings)'를 브랜드 슬로건으로 내세운 뒤, 소비자로 하여금 레드불 속에는 '특별한 것'이 들어 있는 것만 같은 착각에 빠져들게 했다.

친근한 애니메이션을 통해 레드불만 있으면 노인이 늦둥이도 낳는 등 무엇이든 할 수 있지만 레드불이 없으면 슈퍼맨조차 아무것도 할 수 없다는 등의 과장 광고를 통해 소비자에게 '레드불=탁월한 강장제'라는 이미지를 심는 데 성공했다. 또한 유명 스포츠 스타를 후원하고 젊은이들이 열광하는 산악자전거 대회나 자동차 경주 대회 같은 익스트림 스포츠를 후원함으로써 뛰어난 에너지 음료라는 브랜드 이미지를 형성했다. 젊은이들은 스릴 넘치는 익스트림 스포츠가 등장하는 레드불 광고에 열광했다. 나이키가 '일단 해봐(Just Do It)'를 브랜드 슬로건으로 내걸고 제작한 광고보다도 한층 더 강렬한 도전정신을 불어넣어주기 때문이다.

사실, 레드불의 각성 효과와 흥분 효과는 음료에 들어 있는 카페인과 타우린 성분이 높기 때문이다. 1987년 오스트리아 보건부의 승인을 받았음에도 불구하고 함유 성분 때문에 해외 여러 국에서 별도의 승인을 받아야만 했다. 우리나라에도 일찍이 진출하려고 했지만 식약청 기준에 맞지 않아, 2011년이 되어서야 타우린과 카페인 함량을 낮춰 진출할 수 있었다. 에너지 음료 시장이 미국 시장에서 무섭게 성장하자 <뉴욕타임스>는 2013년 1월 2일자 지면에서 '에너지 음료 성분이 몸에 좋을 게 없다'는 기사를 싣기도 했다.

이러한 견제에도 불구하고 레드불은 세계 각국으로 무섭게 뻗어나가고 있다. 사실, 에너지 음료라는 건 성분이 비슷비슷할 수밖에 없다. 인체에 해로울 정도로 일정 성분이 기준을 넘어서면 곧바로 보건당국의 제제 조치가 취해지기 때문이다. 특별한 성분이 들어가 있는 것도 아닌데 레드불이 세계 무대에서 급성장할 수 있었던 비결은 바로, 과대 광고와 젊은 층을 타깃으로 한 각종 마케팅을 통해 장점만을 최대한 부각시켰기 때문이다.

인간에게는 저마다 장점이 있듯이 제품에도 저마다 장점이 있다. 만약 내가 빛을 보지 못하고 있다면 장점을 살리지 못하고 있기 때문이고, 출시한 제품이 빛을 보지 못하고 있다면 장점이 감춰져 있기 때문이다. 장점을 최대한 살릴 수 있는 마케팅을 찾아낸다면 레드불처럼 날개 돋친 듯이 팔려나갈 수 있다.

장점은 사람에게 그렇듯, 제품에도 날개를 달아준다.

25
소문보다
저렴하고 훌륭한 마케팅은 없다

소셜 미디어를 통한 '소문 마케팅'이 한창이다.

기존의 매스미디어의 광고 효과는 소셜 미디어의 등장으로 인해 점차 힘을 잃어가고 있다. 특히 신문이나 잡지처럼 종이를 매개체로 한 미디어 광고는 헐값에 팔리고 있다. 구독률 감소에 이은 광고 수익 감소는 재정 위기로 이어져, 결국 136년 전통의 <워싱턴포스트>마저 신흥 인터넷 쇼핑몰 재벌인 아마존닷컴의 창업자 제프 베소스에게 인수되는 상황에까지 이르렀다.

올드 미디어 광고가 힘을 못 쓰자 대안으로 떠오른 게 바로 소문 마케팅이다. 정보가 홍수처럼 쏟아지는 실정이다 보니 어지간한 정보는 눈과 귀에 들어오지 않는다. 그러나 지인들을 통한 소문 마케팅은 기존의 일방적인 커뮤니케이션과는 달리 쌍방 커뮤니케이션을 통해 이루어지기 때문에 신뢰도가 높다. 비용도 절감할 수 있어서 잘만 활용하면 좋은 대안이 될 수 있다.

소문 마케팅이 성공하기 위해서는 몇 가지 전술을 구사할 필요가 있다.

첫 번째는 '타깃'이다. 택시기사를 타깃으로 설정했던 SM5나 강남의 주부들을 공략했던 딤채처럼 전문가 집단 내지는 실수요자를 공략해서 입소문을 퍼뜨리면 쉽게 브랜드를 알릴 수 있다.

두 번째는 '스토리'다. 사람들은 그럴듯한 화젯거리를 입에 올리기를 좋아한다. 시리아 내전 때 총알을 막아준 노키아의 휴대폰 X2, 신발 한 켤레를 사면 제3세계 아이에게 신발 한 켤레를 선물하는 탐스슈즈 등의 스토리는 언론에 오르내리기도 쉽고, 모임에서 화젯거리로 올리기도 좋아서 순식간에 확산된다.

세 번째는 '체험'이다. 단순하게 보는 것과 직접 손으로 만지고 체험해보는 것과는 엄청난 차이가 있다. '애플스토어'가 성공할 수 있었던 이유도 소문으로 듣거나 타인의 어깨 너머로 보았던 모든 제품을 매장 안에서 직접 조작해볼 수 있도록 꾸몄기 때문이다. 직접 체험해보면 심리적으로 동조하게 되어 제품에 대한 충성도가 높아진다.

네 번째는 '전문가'다. 전문가나 유명 인사를 이용하면 홍보효과가 배가 된다. 의류, 신발, 핸드백 같은 경우에는 파파라치의 사진 덕분에 인지도가 상승한 경우가 적지 않다. 싸이의 '강남스타일도'도 톰 크루즈 같은 유명 인사들이 너나없이 트위터에 올리면서 확산 속도가 한층 빨라졌다.

다섯 번째는 '추억'이다. 맥도날드, KFC, 파파이스, 버거킹 등과 같이 한국에 진출한 수많은 패스트푸드점이 어렵지 않게 자리 잡을 수 있었던 요인은 유학생이나 외국 방문자들의 '추억'을 자극하면서 입소문을 탔기 때문이다.

소문 마케팅으로 브랜드 이미지를 높이고, 매출을 늘려 나가는 건 진 세계적인 추세다. 입소문 마케팅을 전략적으로 사용해서 회사 이미지를 높인 대표적인 기업을 꼽을 때 일본의 '마에다건설'을 빼놓을 수 없다.

마에다건설은 1919년에 설립된 견실한 토목건설 전문업체다. 도쿄만의 아쿠아라인 인공섬, 요코하마 베이브리지, 홍콩 신공항 여객터미널, 후쿠오카 돔 등등의 대공사를 맡아 성공적으로 완공한 일본 첨단 건설공법의 선두주자다.

2000년 초, 혼다와 소니가 잇달아 이족보행 로봇을 개발하여 기술력 실현과 함께 첨단 기업이라는 이미지를 굳혀가자, 마에다건설도 기존의 낡은 느낌을 주는 회사 이미지를 개선할 필요성을 느꼈다.

2003년 2월 사내에서 각 분야의 전문가를 4명 선발해서 '판타지 영업부'를 신설했다. 그들의 첫 번째 프로젝트는 1970년대 중반에 텔레비전에서 절찬리에 상영되었던 '마징가 Z의 지하 기지 건설'이었다. 마징가 Z 기지는 수영장 아래에 감춰져 있다. 출동할 때면 장엄한 음악이 울려 퍼지면서 수영장 물이 양편으로 갈라지고, 격납고가 서서히 올라와 마침내 문이 열린다. 그럼 마징가 Z가 출동하는데, 여기까지 걸리는 시작이 고작 10초에 불과하다.

마에다건설의 프로젝트를 언론 보도와 소문 등을 통해 접한 시민들은 열광했다. 비록 가상에 불과할지라도 '마징가 Z 지하건설 프로젝트'가 그들을 '추억'에 젖게 했고, 먹고살기 바쁘다 보니 잊고 살았던 어린 시절의 '꿈'을 상기시켰기 때문이다.

시민들의 관심이 높아지자 판타지 영업부는 웹 사이트에 입지 선정 과정에서부터 설계 과정 등을 세세하게 게재했다. 그들은 외부 전문가의 도움을 받아 최종적으로 적의 침입이나 방해, 천재지변만 없다면 72억 엔의 비용을 들여 6년 5개월 안에 기지를 건설할 수 있다는 결론을 내렸다. 실제로 삽질 한 번 하지 않고 가상 속에서만 진행되었던 이 프로젝트로 마에다건설은 1억 엔 이상의 홍보 효과를 얻었다고 한다.

이들은 단발성 기획에 머물지 않고 인기 애니메이션인 '은하철도999의 우주레일', '기동전사 건담지구 연방군기지 자브로' 등을 가상으로 건설하였고, 지금은 '우주전함 야마토 2199'라는 프로젝트 아래 지하도시에서 가상 공사가 한창이다(마에다건설 판타지 영업부 홈페이지 : www.maeda.co.jp/fantasy).

『걸리버 여행기』의 저자인 조나단 스위프트는 '소문이란 누군가 발명한 것을 다른 무리들이 확대하는 것'이라고 했다. 타인을 헐뜯는 소문은 살인보다도 나쁘지만 좋은 소문은 나 자신은 물론이고 기업을 살릴 수 있다. 소문보다 훌륭한 마케팅은 없다. 필요하다면 소문을 발명할 필요가 있다. 만약 그것이 가치 있고 쓸 만한 소문이라면 수많은 무리가 앞장서서 퍼뜨려주리라.

# 새로운 문화가 형성되면
# 블루오션 시장도 함께 생성된다

문화는 생물이다. 시대의 정치 · 경제 · 사회적 여건 등에 의해서 변화한다. 그러나 엘리베이터 안에 있으면 상승과 하강을 머리로만 감지할 뿐 몸으로는 체감하지 못한다. 우리는 문화생활을 즐기지만 문화가 어떻게 바뀌고 있는지에 대해서는 무감하다.

사업을 해서 큰돈을 벌 수 있는 기회는 문화가 바뀔 때 찾아온다. 연탄문화가 쇠퇴할 즈음에 기름보일러가 불티나게 팔렸고, 부엌문화의 변화로 입식 부엌 시장이 호황을 누렸다. 필름 카메라가 쇠퇴할 즈음에는 디지털 카메라가 불티나게 팔렸고, 여행사가 호황을 누렸다. 무선호출기 이용자가 감소할 즈음에는 휴대전화가 불티나게 팔렸고, 외식업계가 호황을 누렸다.

세계적인 화장품 회사 에스티로더의 창업자인 에스티 로더는 10대 때부터 피부 미용과 화장에 관심이 많았다. 화학자인 삼촌으로부터 화장품 제조법을 배운 그녀는 자주 가던 미용실 손님에게 자신이 만든 화장품을 무료로 나눠주었다. 이용자들의 반응이 좋은 데다, 오랜 관찰을 통해 전쟁과 대공황에도 여자들이 화장품을 구입한다는 사실을 알고 있었다. 그녀는 상류층 사회의 전유물이다시피 한 화장품이 사치품이 아닌 필수품이 되리라는 걸 직감하고는 1946년 남편과 함께 회사를 설립했다.

화장문화가 점차 확산되리라는 그녀의 예상은 정확히 맞아떨어졌다. 미국에서 시작한 화장품 사업은 영국을 비롯한 전 세계 백화점에 매장을 입점하기에 이르렀고, 그녀는 정확한 자산을 세기조차 힘들 정도로 갑부가 되었다. 화장품에 대한 관심이 여성뿐만 아니라 남성에게까지 확산되리라고 예상한 그녀는 여성 화장품 회사로서는 최초로 남성 화장품 시장에 뛰어들었다.

세계적인 운동기구 회사인 테크노짐은 1983년 이탈리아의 작은 마을에서 22세의 디자이너였던 네리오 알렉산드리가 세운 업체다. 그 당시, 근육을 키우기 위한 운동기구는 역기나 아령처럼 남성 위주의 것이 전부였다. 젊은 디자이너는 세계경기가 호황을 누리면서 전체적인 소득 수준이 늘어나고 있다는 사실에 주목했다. 조만간 균형 잡힌 몸매를 유지하기 위해 남성은 물론이고 여성까지 기꺼이 지갑을 열 거라고 예견했다. 그는 단순한 철제 운동기구에 과학을 접목시켜서 1986년 하나의 운동기구로 25가지 전신운동이 가능한 '유니카'를 개발해 시장에 내놓았다.

새로운 형태의 운동기구가 출시되자 소비자들은 열광했다. 시장에 신선한 충격을 던지며 등장한 테크노짐은 연이어 새로운 운동기구를 내놓으며 피트니트 시장 점유율을 높여나갔다. 그들은 생활의 변화로 자영업자나 전문직 종사들이 피트니트센터에 갈 시간이 부족하다는 사실을 파악했고, 가정에서 사용할 수 있는 운동기구를 연이어 시장에 출시해 성공을 거두었다.

요가복 시장에서 명품으로 인정받고 있는 룰루레몬 애슬레티카는 1988년 캐나다에서 설립되었다. 창업자 데니스 칩 윌슨

은 스키복과 스키장비 매장을 운영하고 있었다. 운동은 남성 전유물이라는 인식이 강한 데다 평상복을 입어도 상관이 없다고 생각해서였는지 여성 전용 운동복이 드물었다. 운동을 즐기는 여성들은 어쩔 수 없이 남성복을 개량해서 입곤 했다.

건강에 대한 관심이 높아져서 요가 붐이 일기 시작했다. 데니스는 여성 요가복 시장이 형성되지 않았다는 사실을 알았고, 여성 친화적인 요가복을 만들기 시작했다. 예상을 뛰어넘어서 요가복은 불티나게 팔려나갔다. 그는 파이를 키우기 위해 요가 전용 운동복에서 요가풍의 옷으로 시장을 확대했고, 그 뒤로도 승승장구해서 토론토 주식 시장과 미국 나스닥에 상장하기에 이르렀다. 룰루레몬은 2011년 <포춘>이 선정한 '2011년 급성장한 기업' 순위에서 13위를 차지하였다.

춘추항공은 중국의 저가항공사 점유율 1위를 차지하고 있다. 설립자인 왕정화는 상하이시의 구청 공무원이었다. 그가 안정된 직업인 공무원을 그만두고 미래를 예측할 수 없는 사업에 뛰어든 것은 38세였다. 중국에 본격적인 여행 붐이 일기 전이었지만 그는 세계의 변화를 유심히 살폈고, 중국에도 조만간 개혁의 바람이 불어오리라고 예감했다.

1981년 상하이에서 두 평 남짓한 '춘추국제여행사'를 설립했는데, 때마침 불어 닥친 중국의 개혁개방에 힘입어 그의 사업은 정신없이 바빠졌다. 그는 직영점과 대리점을 빠르게 넓혀나가서 전국 네트워크를 구축했고, 1994년 마침내 업계 1위의 자리에 올랐다. 공무원으로서는 상상조차 할 수 없는 돈을 벌었지만 그는 진격을 멈추지 않았다. 전국의 여행사를 통해서 탑승객을 쉽게 모을 수 있으므로 항공사를 하면 승산이 있을 것 같았다. 1994년부터 태스크포스팀을 만들어 저가항공사의 시조라고 할 수 있는 미국의 사우스웨스트항공을 비롯하여 각국의 항공사와 중국 내 탑승객을 연구한 뒤, 1997년 중국 대형 항공사와 전세기 계약을 맺고 항공업을 시작했다.

7년 동안 평균 99퍼센트라는 놀라운 탑승률을 보이자 2004년 민항총국은 저가항공사 설립을 허가했다. 첫해인 2005년에는 지나친 할인 정책으로 적자를 보았지만 그 이듬해부터는 승승장구하고 있다. 2009년, 왕정화는 중국 최고의 기업가로 선정되었다.

문화 변환기를 보낸 사람들일수록 '운칠기삼(運七技三)'이라는 말에 순순히 동조한다. 어떤 이는 혼신의 힘을 다해도 사업이 망하는가 하면, 어떤 이는 별다른 노력 없이도 손쉽게 성공하기 때문이다. 그러나 그것은 '운'이라기보다는 사업 감각의 차이 때문이다. 문화의 변화를 감지해낼 능력만 있다면 블루오션 시장을 선점할 수 있기 때문에 어렵지 않게 성공할 수 있다.

그리스 출신으로 '선박왕'이라고 불리는 아리스토텔레스 오나시스는 담배 수입으로 돈을 벌어 1931년 해운업에 뛰어들었는데, 미국 정부의 보호와 전쟁 특수로 큰돈을 벌 수 있었다. 그 뒤로 부동산업, 항공업까지 진출하여 멋지게 성공을 거두었다. 그 성공 비결을 묻자 그는 이렇게 대답했다.

"사업의 비결은 다른 사람들이 아무도 모르고 있는 무엇인가를 아는 것이다."

돈을 벌고 싶다면 문화가 어떻게 바뀌어왔고, 어떻게 바뀌어가고 있는지 유심히 관찰할 필요가 있다. 문화적 편차가 심했던 과거에는 선진국 문화를 한 발 먼저 들여와서 돈을 벌기도 했다. 그러나 인터넷의 발달로 시간적인 편차는 거의 사라졌다. 이제는 수많은 정보를 분석하고, 소비자의 심리를 관찰해서 '다른 사람들이 모르고 있는 무언가를' 찾아내야 한다.

# 나누면 나눌수록 커진다

독일의 심리학자 링겔만은 집단에 속해 있는 개인의 공헌도를 측정해보기 위해 줄다리기를 통한 흥미로운 실험을 했다. 한 사람이 당길 수 있는 힘을 측정해서 100으로 놓았을 때, 2명이 되면 93퍼센트, 3명이 되면 85퍼센트, 4명이 되면 64퍼센트의 힘을 발휘하는 것으로 나타났다. 참여자의 숫자가 늘어날수록 1인당 공헌도가 떨어지는 심리적 현상을 '링겔만 효과'라 한다.

함께하면 시너지 효과가 발생할 것 같은데 반대 현상이 나타나는 이유는 뭘까? 혼자서 일할 때는 주어진 역할과 책임이 명확한 반면, 사람이 늘어날수록 역할이나 책임이 불분명해지기 때문이다. 경영자들은 '내가 하지 않아도 누군가 하겠지'라는 나태한 생각을 품는 링겔만 효과가 나타나는 조직을 최악으로 꼽는다. 이런 조직은 회사 사정이 악화되면 제일 먼저 구조조정에 들어간다.

경영자들은 조직을 꾸릴 때 어떻게 하면 '협업을 통한 시너지 효과를 낼 수 있을까?'를 놓고 고심한다. '경영 조직론'에 대한 수많은 이론이 있지만 그 어떤 것도 수학의 사칙연산처럼 명확하지는 않다.

몇몇 성공한 기업가는 효율적인 조직을 유지하기 위해 내가 최선을 다하지 않아도 누군가 할 거라는 나태해진 심리를 경계할 제도적 장치를 마련했다. 그들 중 대표적인 인물로 일본의 살아 있는 경영의 신 이나모리 가즈오를 들 수 있다.

1932년생인 이나모리는 가고시마대학 공학부를 졸업한 뒤 직장에 다니다가 파인 세라믹스의 무한한 가능성을 발견하고, 1959년 교세라의 전신인 교토세라믹을 설립했다. 회사는 빠르게 성장했고, 회사의 덩치가 커지자 다른 경영자들과 마찬가지로 어떻게 하면 방대해진 조직을 효율적으로 관리할 수 있을 것인가를 놓고 고민하기 시작했다.

조직을 잘게 쪼개서 리더를 정해놓으면 관리하기가 한결 수월할 것 같았다. 문제는 그들이 자신과 같은 경영자의 마인드를 지닐 수 있느냐, 하는 점이었다. 소조직의 리더뿐만 아니라 조직원 전체에게 경영자의 마인드를 심어주기 위해서는 어떻게 해야 할까?

제도적이고 정책적인 변화가 필요했다. 회사가 경영자나 임원 등과 같은 몇몇 사람을 위해서 존재한다는 인식을 바꾸지 않는 한 조직원들에게 최선의 능력을 기대하기란 힘들다. 재주는 곰이 부리는데 수익금은 몇몇 사람이 독차지한다면 내부에 불평불만이 쌓일 수밖에 없다. 회사는 구성원 전체를 위해서 존재한다는 철학과 믿음을 심어주는 한편 이를 실천할 환경을 조성할 필요가 있었다.

고심 끝에 그는 제작부를 제조 공정에 따라서, 영업부를 상품이나 지역에 따라서 10명 내외로 구성한 작은 독립 조직 '아메바'를 만들었다. 아메바의 가장 큰 특징은 독립채산제다. 매월 아메바 단위로 매출과 비용을 계산한다. 이렇게 정산된 수익은 다시 아메바 조직원들이 각자 기여한 공헌도에 따라서 나눈다.

세포가 모여서 하나의 생명체를 이루듯, 아메바 경영은 조직에 활력을 불어넣었다. 직원들은 교세라라는 거대한 회사에서 일하지만 조직의 일개 부품이 아닌, '경영자'라는 마인드를 갖게 됨으로써 누가 감시하거나 시키지 않아도 자발적으로 아이디어를 내놓았고, 관련 부서에 협조를 요청하면 자신들에게도 득이 되기 때문에 최대한 협조했다. 교세라에는 현재 아메바 조직이 3,000여 개가 넘는다. 이러한 조직은 세포분열에 의해서 증식도 하고, 가치가 떨어져 생명이 다하면 사멸도 한다.

'혹시 아메바 경영은 교세라라는 특수한 환경 속에서만 유효한 것은 아닐까?'라는 의문을 품을 수도 있다. 성공한 기업을 벤치마킹해도 실패하는 경우가 허다하기 때문에 품을 수 있는 의문이다.

1998년 복사기 프린터 전문업체인 미타공업은 2,000억 엔이라는 부실을 안고 파산했다. 이나모리 회장은 2000년 120억 엔을 투자해서 미타공업을 인수했다. 직원이 2,100명이어서 400여 개의 아메바로 쪼개서 아메바 경영을 시작했다. 회의를 하게 되면 전기세까지 나누어 분담하는 실정이다 보니, 각 조직은 시간당 채산성을 높이기 위해 고심할 수밖에 없었다. 매출은 높이고 비용은 최대한 줄여야만 더 많은 돈을 가져갈 수 있기 때문이다. 교세라미타는 아메바 경영으로 10년 만에 매출 대비 순이익 10퍼센트대의 우량 회사로 탈바꿈했다. 아메바 경영이 교세라뿐만 아니라 다른 업종에서도 가능함을 입증한 셈이다.

2010년 일본 최대 항공사이자 세계 3위의 일본항공이 엄청난 부채를 감당할 수 없어 법원에 법정관리를 신청했다. 일본의 자존심과도 같았던 일본항공이 절체절명의 위기에 놓이자 일본 재계는 물론이고 정계까지 긴장했다. 결국 논란 끝에 추락하는 비행기 조종사로 투입된 인물이 항공업에 관해서도 무지한 데다 80을 눈앞에 두고 있던 고령의 이나모리 가즈오였다.

그는 직원을 감원해서 조직의 군살을 빼고, 채산성이 떨어지는 국내노선을 폐지하고, 연비가 형편없는 점보기를 교체하고, 조직을 잘게 쪼개어 아메바 경영을 시작했다. 끝없이 추락해서 조만간 산산조각 날 위기에 처해 있던 일본항공은 3년도 채 지나지 않아서 흑자로 돌아섰고, 2012년 9월 도쿄증권거래소에 재상장되었다. 일본항공의 부활로 아메바 경영의 위력을 다시 한 번 입증된 셈이 되었다. 현재 일본에서는 아메바 경영을 채택한 회사가 300개가 넘을 정도로 각광을 받고 있다.

인간은 탐욕의 동물이다. 자신이 가진 것을 좀처럼 남들과 나누려 하지 않는다. 이러한 경향은 과거에는 한층 더 심했다. 창고에 쌓인 재물을 나눠주면 나눠준 만큼 창고가 비기 때문이었다. 그래서 영주들은 자신이 움켜쥔 것을 내놓으려 하지 않았다. 프랑스 계몽주의 작가 볼테르는 탐욕에 대해서 경계하라며 이렇게 충고했다.

"남의 이익에 신경 써라. 분배되지 않는 이익은 결코 오래가지 않는다."

한정된 땅에서 생산된 한정된 수확물을 나누기 위해서는 많은 용기가 필요하다. 세상이 바뀌었다. 인터넷과 운송 수단의 발달로 시장의 지역적 한계를 극복했고, 저렴한 비용으로 무한 복제가 가능한 세상이 되었다. 과거와 달리 파이를 키우려고 마음먹으면 얼마든지 키울 수 있다. 이제는 내 몫을 좀 더 챙기려는 고민보다 어떻게 하면 효율적으로 조직을 꾸려서 파이를 키울 수 있을까에 대해 진지하게 고민해야 할 때다.

**We Call It Life
Because It Is Not Perfect**

# Chapter 4

43 Thoughts Which Wins The World

# 극복하라,
# 미세한 차이가
# 승패를 가른다!

게으름에 대한 하늘의 보복은 두 가지가 있다. 하나는 나 자신의 실패요, 하나는 내가 하지 않은 일을 한 옆 사람의 성공이다.

_ 쥘 르나르

정직과 성실을 그대의 벗으로 삼으라. 아무리 누가 그대와 친하다 하더라도 그대의 몸에서 나온 정직과 성실만큼 그대를 돕지는 못하리니. 남의 믿음을 잃었을 때 사람은 가장 비참하다. 사람을 움직이는 힘은 백 권의 책보다도 하나의 성실한 마음이 더 크다.

_ 벤저민 프랭클린

회사 경영은 사회적인 신용을 쌓는 것이 가장 중요하다. 고객으로부터의 신뢰, 금융기관으로부터의 신뢰, 구매처로부터의 신뢰, 주주로부터의 신뢰, 기타 이해관계자로부터의 신뢰, 이모두가 사회적인 신용이다.

_ 고바야시 마사히로

## 28
## 상식을 뛰어넘으면
## 즐거움이 있다

인간은 사회라는 공동체 안에서 함께 생활할 수 있도록 제도적인 교육을 받는다. 말하는 법, 글 쓰는 법, 셈하는 법을 비롯해서 외국어, 역사, 과학, 철학 등등 살아가는 데 유용한 것들을 배운다. 알렉산드로스 대왕이 어릴 적에 교육을 받았던 것처럼 학생 한 명에 교사 한 명이 아닌, 학생 수십 명에 교사 한 명이다 보니 부작용도 적지 않다. 교사는 한정된 기간에 교과목을 끝내야 하기 때문에 매일 나가야 할 진도를 정해놓고 수업을 할 수밖에 없다. 시간적인 여유가 없다 보니 마치 해질녘 양치기가 우리에 양들을 몰아넣듯이, '미리 정해놓은 답' 속으로 학생들을 마구잡이식으로 몰아넣는다. 그 과정에서 개성이나 창의력은 무시되기 십상이다.

"선생님, 이런 식으로 풀면 틀리나요?"

"어? 그건 안 돼!"

"왜요? 이렇게 풀어도 답은 똑같잖아요?"

"과정이 틀리잖아! 이해가 안 되면 통째로 외워!"

모처럼 용기를 내서 '그림자도 밟으면 안 되는 존재'인 선생님과 대화를 시도해보지만 돌아오는 건 실망뿐이다. '개인'보다는 '조직'을, '개성'보다는 '질서'를 중시하는 지극히 상식적인 교육을 오랜 세월에 걸쳐서 받은 때문일까. 상식 파괴 현장을 접하면 까맣게 잊고 있었던 벗을 만난 듯 반갑다.

대학 다닐 때 미술책에서 마르셀 뒤샹의 '샘'을 발견하고 제목을 잘못 본 게 아닐까 싶어서 한참을 들여다보았다. 불결한 소변기가 '샘'이 될 수도 있다는 사실이 신선한 충격이었다. 도서관 화장실에서 소변을 보는데 뒤샹의 작품을 보기 전과는 느낌이 완전히 달랐다.

얼마 전, 우연히 가전 제품 매장에서 날개 없는 선풍기인 다이슨 에어 멀티플라이어를 발견했을 때도 그때와 비슷한 즐거움을 느꼈다. 오랜 세월에 걸쳐 '선풍기는 날개로 돌아가는 것'이라는 세뇌 아닌 세뇌를 받은 탓일까. 처음에는 외계에서 뚝 떨어진 생명체와 만난 기분이었지만 이내 나의 고리타분한 상식을 파괴해준 아이디어에 감탄했다. 날개가 있어야 할 텅 빈 공간에 손을 넣고서 시원함을 만끽하다 보니 날개 없이 이착륙을 하는 헬리콥터가 자연스럽게 떠올랐다.

오래전 책을 읽다가 브레인스토밍(brain storming) 창시자인 알렉스 오스본이 "아이디어란 터무니없을수록 좋은 것"이라고 했다는 문구를 발견했다. 나는 한참 동안 터무니없는 생각을 하며 킥킥거렸는데 그 때문일까. 전적으로 공감하지는 않는데도 불구하고 오래도록 기억에 남았다.

현대인의 상식을 뛰어넘는 마케팅이 점점 활발해지고 있다. KT의 편파 야구중계 광고도 그중 하나다. 게임의 룰을 무시한 채 바운드에 맞고 포수 글러브에 들어간 공을 스트라이크라 우기고, 공 대신 날아간 방망이가 좌중간을 가르자 안타라고 우기는 모습을 보면서 뭔가 말로는 표현할 수 없는 홀가분함을 느꼈다.

SPC그룹의 잠바주스 매장에서 핫 프루트 주스를 처음 마실 때도 마찬가지였다. 과일주스는 차가워야 한다는 상식을 뛰어넘은 따뜻한 주스는 나를 잠시나마 행복하게 했다.

이탈리아 패션 유통업체 릴라인터내셔널그룹이 운영하는 킬로파숑은 마치 과일이나 고기를 팔듯이 옷, 제화, 안경, 주얼리, 가죽 제품 등등을 무게에 달아서 판매한다. 킬로파숑 매장에서는 제품을 세 종류로 분류한다. 좋음(Good), 아주 좋음(Better), 최상품(Best)로 분류하고, 그램당 가격을 책정한 뒤 브랜드와 상관없이 순전히 무게에 의해서 팔린다. 대신 교환이나 환불은 되지 않는다.

킬로파숑은 한곳에서 8개월 이상 매장을 오픈하지 않는다. 마치 유랑 서커스단처럼 세계 곳곳에서 기습적으로 게릴라 매장을 오픈한다. 가끔씩 세일도 하는데, 세일 기간에는 매장 오픈 시간을 기다리는 고객들로 긴 줄이 생긴다. 유명 브랜드를 발견하면 마치 보물을 찾은 기분이 들기 때문에 그 기분을 만끽하기 위해 찾아온 고객들이다.

세상을 살아가는 데에서 상식은 대단히 중요하다. 그러나 상식만 강조되는 세상은 지루하다. 상식을 뛰어넘으면 즐거움이 있다. 인간의 뇌는 '새로운 공기'를 쐬고 싶어 한다. 새로운 마케팅을 해보고 싶은데 마땅한 방법이 떠오르지 않는다면 상식을 파괴해볼 필요가 있다.

## 29
## 정직한 사람과 투명한 기업이 사랑받는다

"도대체 저 사람은 속을 모르겠어."

닫힌사회에서는 속내를 드러내지 않는 것도 훌륭한 전략이었다. 권모술수가 뛰어나고 거짓말을 잘하면 능력 있는 사람이었고, 정직한 사람은 무능력자 취급을 받았다. 경영자 또한 가면을 쓰고 생활했다. 등 뒤로는 온갖 부정을 자행하면서 카메라 앞에서는 순한 양인 척 연기했다. 때가 되면 수재의연금이나 불우이웃 돕기 성금을 냈고, 직원들로 하여금 고아원이나 양로원을 방문해 자원봉사를 하도록 독려했다. 그러나 그들은 실상 자신의 이익을 챙기는 데만 관심 있을 뿐, 기업의 사회적 책임 따위는 안중에도 없었다.

세상이 열린사회로 바뀌면서 정직한 사람, 정직한 기업이 주목받고 있다. 세상의 변화를 감지하지 못한 일부 부도덕한 기업과 고위 관리자들이 과거의 악습을 끊지 못하고 관행만을 고집하다가 곤욕을 치르기도 한다.

성공은 피라미드 형태다. 위로 올라가면 올라갈수록 많은 사람의 눈에 띄게 마련이다. 사촌이 땅을 사도 배 아파하는데, 생판 모르던 사람이 유명 인사가 되어 튀는 말과 행동을 하다 보면 나름 조심한다고 해도 적이 생길 수밖에 없다. 적들은 약점을 찾기 위해 정보를 공유해가면서, 사생활은 물론이고 과거까지 샅샅이 파헤친다. 이미 지난 일일지라도 부도덕한 사생활이나 행동 등은 저격의 빌미가 된다. 국가 고위직을 눈앞에 둔 저명인사가 청문회에서 줄줄이 낙마하고, 유명인의 '학력 위조'나 '논문 표절' 사건 등이 심심찮게 터져 나오는 것도 그 때문이다.

열린사회에서는 개인은 물론이고 기업에게도 투명성과 정직성을 요구한다. 시대의 변화를 감지한 기업들은 스스로 변화를 꾀하기도 한다.

브라질의 미용 및 위생관리 용품 회사 내추라는 2007년 고객들이 자신이 구입한 상품에 대한 세세한 정보를 알 수 있도록 환경 정보가 적힌 라벨을 부착했다. 이들은 향수에 들어가는 알코올을 유기농으로 바꾸었고, 2009년에는 모든 비누의 원료를 친환경 원료로 바꾸었다.

초콜릿 회사인 마르스와 허쉬는 초콜릿 원료로 사용하는 카카오나무의 유전자코드를 해독한 뒤 특허 신청을 하지 않고 홈페이지를 통해 공개했다. 카카오나무는 병충해에 약한 단점이 있는데 이를 극복할 방법을 다함께 고민해보자는 의도였다.

글로벌 제약 회사 머크는 1995년 수많은 회사가 유전자 특허출원에 열을 올리고 있을 때, 수백만 달러를 투자해서 찾아낸 유전자 염기서열 1만 5천 개를 공개했고, 3년 뒤에는 80만 개가 넘는 유전자 염기서열을 공개했다. 전 세계의 연구원들과 정보를 공유함으로써 신약 개발에 박차를 가하겠다는 의도였다. 결국 제약 회사들과 몇몇 회사가 거대한 컨소시엄을 발족함으로써, '유전자 사냥'을 통해 지적재산권을 화보해 부를 창출하려던 기업들이 큰 타격을 입었다. 반면 머크의 의도대로 신약 개

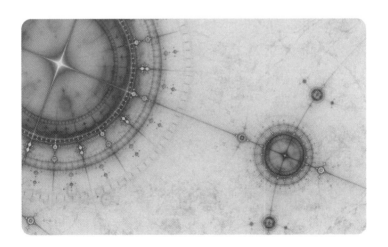

발은 한층 활기를 띠게 되었다. 2009년, 머크는 비영리 의학 연구 기관인 'Sage'를 설립해서 전 세계 과학자들과 정보 교류에 박차를 가하고 있다.

지식정보화 시대의 특징 중 하나는 소비자들의 높은 의식 수준이다. 편리하다는 이유 하나만으로 제품을 사용하던 수준을 넘어서서, 자신이 사용하는 제품이 인체에 미치는 영향까지 관심을 갖기 시작했다. 일부 소비자들은 다소 가격이 비싸더라도 친환경적인 제품만을 사용하는 '오가닉 라이프'를 실천하기도 한다.

오늘날 친환경 기업이 약진하고 있다. 인체에 무해한 세제를 만들어 세계적인 기업으로 급부상한 벨기에의 에코 버를 필두로 세븐스 제너레이션 등과 같은 친환경 기업들의 '이유 있는 설득'이 소비자에게 먹히고 있다.

의식 있는 소비자와 기업의 노력으로 혼탁했던 세상은 갈수록 투명해져서, 이제는 그 어떤 기업도 사회적 책임을 외면할 수 없는 상황에까지 이르렀다. 경영자와 대주주만 이익을 챙기던 풍토에서 벗어나 사회적 사명감으로 무장하고, 소비자와 소통하며, 소비자들에게 수익금의 일부를 환원하려는 기업들의 노력이 이어지고 있다.

세상이 바뀌면서 내부가 훤히 들여다보이는 '누드 시계'와 '누드 빌딩'까지 등장했다. 닫힌사회에서 열린사회를 향해 나아가고 있음을 보여주는 대표적인 상징물이라 할 수 있다.

한때 정직한 사람은 융통성이 없어서 답답하다는 평을 감수해야 했다. 그러나 이제 성공하기 위해서는 정직을 최우선의 무기로 삼아야 한다. 비록 그 자리에서는 약간의 손해를 볼지라도 정직하게 살아간다면 거짓말을 무기로 삼아 성공을 꿈꾸는 사람보다 훨씬 더 높은 곳에 오를 수 있다.

기업 또한 마찬가지다. 비록 코딱지만 한 가게를 시작할지라도 기업의 사명과 사회적 책임에 대해 진지하게 고민해야 한다. 어쩌면 그것이 성공으로 가는 가장 빠른 길일지도 모른다.

## 30
## 문제가 무엇인지 모르겠다면
## 레드 버튼을 확보하라

"또 차였네요. 도대체 내가 뭘 잘못한 걸까요?"

능력도 있고 착하지만 연애에는 젬병인 후배가 있었다. 남자 형제만 셋인 집안에서 장남으로 자란 탓에 여자의 심리를 전혀 몰랐다. 실연당할 때마다 찾아와서 하소연을 할라치면 잘못된 점을 지적해줬지만 소 잃고 외양간 고치는 격이었다. 이대로 노총각으로 늙어죽는 건 아닐까, 걱정하고 있던 차에 여덟 살 어린 여자와 연애를 시작했다는 소문이 들려왔다. '지금이 기회이다!' 싶어서 후배에게 L이라는 여자를 소개시켜주었다.

"유부녀니까 엉뚱한 생각은 하지 말고, 사귀는 여자하고 트러블이 생기거나 특별한 날을 어떻게 보내야 할지 모르겠거든 전화해서 물어봐. 부담 갖지 말고."

후배도 그동안 느낀 게 있었는지 수시로 L에게 전화를 걸었다. 결국 후배는 교제를 시작한 지 반년 만에 그토록 원하던 결혼에 골인했다. 후배에게 L은 일종의 '레드 버튼(Red Button)'이었다.

독일의 자랑인 벤츠는 연구 개발(R&D)에 참여할 독일 내 소비자 2,000명을 선발해 차에 레드 버튼을 설치했다. 드라이빙을 할 때는 물론이고, 일상생활을 하다가 불편 사항이나 아이디어가 떠오를 경우 운전대 하단에 설치되어 있는 레드 버튼을 누르면 곧바로 고객센터로 화상전화가 연결되고, 소비자의 의견은 그 즉시 연구 개발팀으로 넘겨져 검토 대상이 된다. 레드 버튼에는 '최고가 아니면 만들지 않는다'는 벤츠의 창업정신이 고스란히 깃들어 있다.

시대가 급변하면서 기업의 평균수명은 점점 더 짧아지고 있다. 무수히 많은 기업이 급류에 휘말린 종이배처럼 빠른 속도로 사라져가고 있다. 훌륭한 기업 이념을 내걸고 힘차게 첫발을 내딛었던 위대한 기업들마저 소리 소문 없이 몰락하고 있는데, 가장 큰 이유는 세상이 바뀌면 소비자의 니즈도 바뀌는 법인데 시장의 흐름을 무시한 채 같은 방식만 고집하기 때문이다.

기업들은 대개 내부에 신제품 개발을 위한 연구 개발팀을 두고 있다. 매해 많은 비용을 투자해 신제품을 출시하지만 예상과 다른 결과가 나와서 관계자들을 곤혹스럽게 만들곤 한다. 소비자의 니즈를 정확히 파악하기 위해서 대대적으로 설문조사를 실시하고, 전문기관에 조사를 의뢰하는가 하면, 심리 기법까지 동원하여 다양한 조사를 실시하지만 들인 비용에 비하면 결과가 신통치 않을 때가 많다.

하버드대학의 경제심리학자 제럴드 잘트먼 교수에 의하면 말로 표현되는 고객의 니즈는 5퍼센트에 불과하고, 나머지 95퍼센트는 숨겨져 있다고 한다. 그 이유는 인간의 의식 가운데 95퍼센트 이상이 무의식이기 때문이다.

닫힌 세상에서는 고객의 니즈도 단순했다. 저렴한 가격, 만족스러운 품질, 친절한 서비스가 대부분을 차지했으나 세상이 열리면서 니즈도 훨씬 더 복잡하고 다양해졌다. 매일 수많은 정보를 접하며 살아가니 무의식 역시 복잡해진 데다 시시각각 변하고 있다.

열린 세상의 소비자가 제품을 구매하는 니즈 속에는 정직한 기업 이미지, 시대를 대변하는 정신, 미래의 소장 가치, 자신과의 동일화, 제품이 주는 즐거움과 재미, 체험을 통한 감동 등등 복합적인 심리가 숨어 있다. 이런 실정이다 보니 소비자조차도 자신이 정확히 무엇을 원하고 있는지 모를 때가 많다. 따라서 혁신적인 기업은 혁신적인 제품을 통해 소비자의 무의식 속에 숨어 있는 니즈를 끄집어낸다. 애플의 신제품이 그 대표적인 예다.

"맞아! 내가 찾던 게 바로 이거야!"

막연하게 꿈꾸었던 제품을 손에 쥐었을 때 소비자는 말로 표현할 수 없는 기쁨을 느낀다. 소비자의 기쁨은 기업의 기쁨이고, 소비자의 감동은 기업의 감동이다. 기업이 막대한 연구 개발비를 투자하는 까닭은 소비자에게 기쁨과 감동을 선사하기 위해서다.

그러나 소비자에게 기쁨과 감동을 선사하기란 말처럼 쉽지 않다. 소비자의 니즈가 점점 더 다양해지고 까다로워지기 때문이다.

"화면이 커서 좋기는 한데 휴대하기가 불편한 걸."

"차가 확실히 안정감은 있는데 스릴은 떨어지네."

"갖고 싶기는 한데 왠지 끌리지가 않아."

기업은 경험을 통해 내부의 연구 개발만으로는 한계가 있음을 깨닫고 외부의 연구 개발에까지 눈을 돌렸다. 벤츠의 레드 버튼은 외부의 연구 개발을 위한 장치다. 기업이 만들고 소비자가 구매하는 일방통행의 방식이 아닌, 기업과 소비자가 소통을 통해서 더 완벽한 제품을 만들어나가기 위한 상호 협력의 체제라 할 수 있다.

레드 버튼은 제품의 문제점을 바로잡는 데 보탬이 될 뿐만 아니라, 잠재된 고객의 니즈를 파악하는 데도 보탬이 된다. 또한 세상이 어떻게 변하고 있는지를 실시간으로 알려준다.

만약 내가 목표를 향해서 제대로 가고 있는지 모르겠다면, 만약 내가 사업을 잘하고 있는지 모르겠다면, 만약 나의 성격이 외골수여서 평행 감각이 떨어진다면 어떤 식으로든 레드 버튼을 확보하라. 레드 버튼을 잘만 활용한다면 외부적으로 드러난 문제뿐만 아니라, 내가 무의식적으로 외면해온 근본적인 문제점까지 발견할 수 있을 것이다.

## 31
# 통찰력을 키우려면
# 관찰하는 습관을 길러라

소설이나 영화 속에는 곳곳에 복선이 깔려 있다. 불타는 자동차에 갇혀서 고통스럽게 죽었던 주인공이 갑자기 멀쩡한 모습으로 나타나면 설득력이 떨어지기 때문에 탈출을 암시하는 장면이 먼저 등장한다. 복선은 나중에 일어날 사건에 대해 당위성을 확보하기 위한 장치라 할 수 있다. 극적 재미와 감동을 살리기 위해서는 복선을 잘 활용해야 한다. 복선이 쉽게 드러나면 결말이 싱겁고, 너무 완벽하게 감추면 황당하게 느껴지기 때문이다.

관찰력이 뛰어난 사람은 소설이나 영화를 보면서 복선을 찾아내고, 벌어질 사건을 미리 예측한다. 이런 식의 두뇌 게임을 하는 사람들이 점점 늘어나자 작가들은 예측을 불허하는 반전을 시도한다. 물론 이런 반전도 복선이 없으면 흥미가 떨어지기 때문에 '반전을 위한 복선'을 잘 감춰야 한다.

복선은 소설이나 영화 속에만 존재하는 것은 아니다. 우리의 일상 속에도 곳곳에 지뢰처럼 깔려 있다. 관찰력이 뛰어난 사람들은 아내가 헛구역질을 하면 위장에 문제가 있음을 알아내고, 월매출액의 감소를 보고 조만간 내부 개편이 일어날 것을 짐작한다. 대단해 보이지만 사실 조금만 주의를 기울이면 이 정도는 누구나 알 수 있다.

관찰력은 '오감(五感)'을 통해서 사물이나 현상에 대한 정보를 얻는 힘'이다. 관찰력이 발달해야 비로소 '육감(六感)'이 발휘된다. 그렇다면 관찰력이 뛰어난 사람과 부족한 사람의 차이는 무엇일까? 그들의 차이는 바로 오감을 발휘할 수 있는 호기심을 얼마만큼 갖고 있느냐에 따라서 결정된다.

같은 집에 사는 선생님과 아이에게 학교에서 집까지 오는 길을 상세히 그려보라고 하면 전혀 다른 약도가 그려진다. 아이는 문구점, 아이스크림 가게, PC 방, 빵집 등을 위주로 그리고, 선생님은 약국, 술집, 가전 대리점, 커피숍, 슈퍼 등을 위주로 그린다. 호기심을 느끼는 대상이 각기 다르기 때문에 나타나는 현상이다.

따라서 관찰력을 키우고 싶다면 '왜?' 하고 수시로 물으며 잠든 뇌를 깨워야 한다. 매일 봐서 눈에 익은 광경도 새로운 시각으로 바라보려고 노력하다 보면 호기심이 생기고, 전에는 못 봤던 정보가 비로소 오감을 통해 스며든다.

통찰력이란 '사물이나 현상에 대한 본질을 꿰뚫어보는 힘'이다. 관찰력이 호기심의 산물이라면 통찰력은 경험·지식·지혜의 산물이다. 따라서 통찰력은 노력하기에 따라서 얼마든지 기를 수 있는 능력이다.

관찰력이 뛰어난 사람은 주변에서 어렵지 않게 접할 수 있다. 자동차가 기하급수적으로 늘어나고 지하철 노선이 확장되자 일찌감치 택시 회사를 처분한 사업가, 인터넷이 발달하자 신문사를 정리한 사주, 2008년 리먼 사태로 금융위기가 발생하자 재빨리 모든 주식을 매도한 주식 투자가 등등……

반면 통찰력이 뛰어난 사람을 만나기란 쉽지 않다. 통찰력은 하루아침에 갖추어지는 것이 아니기 때문이다. 통찰력은 관찰력에서부터 시작된다. 관찰을 통해 얻은 정보에다 경험과 지식·지혜 등을 더하여 변화를 예측한다.

1970년대 재래식 부엌이 입식 부엌으로 바뀌기 시작하면서 싱크대가 날개 돋친 듯이 팔려나갔다. 수많은 업체가 싱크대 사업에 뛰어들 때, 한샘가구는 수납장에 주목했다. 건축설계사 출신의 조창걸 사장은 경험과 관련 지식에다 지혜마저 갖추고 있었다. 그는 부엌이 주부에게 중요한 생활 공간이 되리라는 사실을 꿰뚫어보았고, 개척지나 다름없었던 수납장 시장에 뛰어들었다. 1970년대 중반에 강남에 아파트 건설 붐이 일어나자 붙박이 수납장을 납품하며 성장의 밑거름을 마련했다. 한샘가구는 1980년대 초, 주부가 원하는 대로 설계할 수 있는 '시스템 부엌'으로 호황을 누렸다. 결국 창립 10주년 만인 1986년에 부엌가구업계 점유율 1위 기업으로 우뚝 섰다.

인류의 위대한 발명품 중 하나인 PC는 인류의 삶을 변화시켰다. PC의 대중화로 수많은 기업이 탄생했는데, 디지털 주변 기기 제조 및 판매를 하고 있는 벨킨도 그중 하나다. 1983년 UCLA 학생이었던 쳇 핍킨은 PC의 대중화가 빠르게 확산되는 것을 지켜보다가 친구와 함께 부모님의 차고에서 케이블 사업을 시작했다.

케이블 사업을 통해 지식과 경험을 쌓다 보니 머지않아 1인 1PC 시대가 올 것을 예견할 수 있었다. 다가오는 미래를 선점하기 위해서 그는 PC와 PC를 연결해주는 인터넷 공유 기술 개발에 착수했다. 디지털 제품을 연구하던 이테크를 인수하는 등 발 빠르게 움직인 결과 유·무선 공유기 시장을 선점했다. 회사는 급성장했지만 그는 안주하지 않았다. 폭설처럼 쏟아지는 각종 디지털 기기에 필요한 주변 기기와 가방, 이어폰 등을 비롯한 액세서리를 출시하며 지금도 꾸준히 성장해 나아가고 있다.

러시아 속담 중에 '남의 돈에는 날카로운 이빨이 돋아 있다'라는 말이 있다. 돈을 벌고 싶다고 해서 준비 없이 무심코 손을

뻗으면 상처만 입을 뿐이다. 돈을 벌어 성공하고 싶다면 자신의
일에 충실하면서 주변을 유심히 관찰할 필요가 있다.

평범한 사람에게 관찰은 어느 쪽 문 뒤에 '성공'이 기다리고
있는지를 알게 해줄 유일한 기술이다.

## 32
## 경쟁이 치열해지면
## 게임의 방식을 바꿔라

'여기 생일 케이크가 있다. 어떻게 하면 세 번만 칼질해서 팔 등분을 할 수 있을까?'

'당신의 몸이 연필 크기로 작아져서 믹서기에 갇혀버렸다. 어떻게 빠져나올 텐가?'

이 물음들은 세계적인 자산운용사인 블랙록과 골드만삭스의 면접시험 문제 일부다.

기업은 유연한 사고의 소유자를 원한다. 주어진 조건 아래서만 능력을 발휘하거나, 시키는 일만 하는 사람은 환경이 조금만 변해도 생존력이 떨어진다. 비즈니스 세계는 작은 변수에도 전체 모습이 바뀐다. 치열한 경쟁에서 살아남기 위해서는 생각의 유연성을 키울 필요가 있다.

불나방은 불을 보고 날아든다. 같은 맥락으로 인간은 돈을 보고 달려든다. 요즘 어떤 사업이 잘되는지 궁금하면 텔레비전이나 인터넷 광고를 보면 된다. 좀 더 구체적으로 알고 싶다면 거리에 나가서 입간판을 유심히 보라. 눈에 잘 띄는 사업이 한창 잘되는 사업이다.

조금만 돈이 된다 싶으면 사람들은 앞뒤 재지 않고 뛰어든다. 그러다 보니 경쟁이 치열해지고, 결국은 출혈 경쟁으로 이어진다. 사업은 해보고 싶은데 경쟁이 치열하거나, 기존 사업이 점점 경쟁이 치열해지고 있다면 기존 방식을 고집하기보다는 게임의 방식을 바꿀 필요가 있다.

1971년 부유층을 상대로 한 항공 시장이 팽창해가고 있을 때, '저렴한 요금을 통한 항공 여행의 기회 확대'를 슬로건으로 내건 세계 최초의 저가항공사 사우스웨스트항공이 운항을 시작했다.

이들은 비용을 절감하기 위해 기내식과 좌석 등급제 같은 기존 항공사들이 일반적으로 제공하는 부가 서비스를 없앴다. 음료와 간식 등을 원하는 고객에게는 별도의 요금을 받았다. 빈 좌석을 최대한 채우기 위해서 구매 시기, 요일, 시간에 따른 탄력 요금제를 실시했고, 운용 및 정비 비용을 절감하기 위해 보잉 737 기종으로 통일하는 등 다양한 아이디어를 동원했다. 그 결과 3대로 출발했던 초소형 항공사는 테러의 위협과 불황을 이겨내며 32년 동안 연속 흑자를 냈고, 지금은 총 여객 운송수로는 아메리칸항공과 델타항공에 이은 세계 3위의 항공사로 성장했다.

인터넷의 발달로 온라인 음악 시장이 커져가자 판도라는 음질 좋은 음악을 무료로 제공하는 서비스를 시작했다. 그들은 기업 광고를 유치해서 음악을 듣기 전에 짧은 광고를 틀어준다. 소비자가 지불해야 할 비용을 기업의 광고비로 대체한 것이다.

HP는 프린터 기기를 저렴한 가격에 판매한다. 대신 잉크 같은 소모품의 가격을 높게 책정해서 높은 수익을 올렸다. 질레트는 면도기를 공짜로 나눠주고, 대신 면도날을 돈을 받고 팔아 역시 높은 수익을 올렸다. 일본 대학가에서는 공짜로 복사를 할 수 있는 '타다카피'가 인기다. '공짜 복사'라는 뜻을 지닌 복사 가게 타다카피에서는 학생들에게 복사 비용을 받지 않는다. 대신 복사지 뒷면에 기업체나 학교 인근 가게 광고를 인쇄함으로써 광고료로 수익을 올린다.

아디다스가 스포츠 용품 시장을 독점하다시피 하고 있을 때, 나이키는 1972년 후발주자로 스포츠 용품 시장에 뛰어들었다. 1980년대 나이키는 공격적인 마케팅을 펼쳤지만 매출은 좀처럼 늘어나지 않았다. 나이키를 위기에서 구한 것은 1987년에 출시된 '에어맥스'였다. 에어맥스는 세계 최초로 신발 밑창에 질소가 주입되어 있는 비닐 튜브를 부착한 노출형 에어쿠션을 선보였다. 소비자들은 새로운 형태의 신발에 열광했다. 현재의 신발업계는 밑창은 물론이고 신발 바닥까지 신경 쓰고 있지만 그 당시만 해도 파격적인 디자인이었다. 게임의 방식을 바꾼 나이키는 세계적인 스포츠 용품 회사로 성장할 수 있었다.

오랜 경력을 지닌 전문가라 해도 생각이 딱딱하게 굳어 있어서는 변화하는 시장에 적절하게 대처할 수 없다. 기업에서 유연한 사고를 지닌 인재를 선호하거나, 업무 시간 중의 일부를 다른 일을 하도록 허용하는 이유도 이 때문이다. 시간이 지날수록 자신에게 불리해지는 게임이라면 게임의 룰을 자신에게 유리하게끔 바꿀 필요가 있다.

자본금이 부족하다고, 사양산업이라고 한탄하지 말라. 당신도 충분히 공룡을 이길 수 있다. 게임의 룰을 당신에게 유리하게끔 바꾼다면!

# 내 생각만 고집하기보다는
# 타인의 생각에 주의를 기울여라

조직에서 리더의 소통 능력이 중시되는 까닭은 수많은 정보와 메시지가 범람하는 시대를 살아가고 있기 때문이다. 아무리 능력자라 하더라도 혼자 힘으로 중요한 정보를 모으고 분석하는 데는 한계가 있다. 정보화 시대의 훌륭한 리더란 조직원들과의 원활한 소통을 통해 최대한 능력을 발휘할 수 있도록 힘을 북돋워주는 사람이다.

시대가 급변해도 기존 방식을 고집하는 사람들은 있게 마련이다. 리더나 능력 있는 임직원 중에도 여전히 소통하려 하지 않고, 독단적으로 일을 처리하는 사람들이 있다. 물론 나만의 방식으로 일을 처리하면 일의 속도도 빠르고 만족감도 높다. 하지만 독불장군은 국지전에 강할지는 몰라도 전면전에는 상대적으로 약할 수밖에 없다. 눈앞은 잘 보지만 전체를 보지 못하기 때문이다.

BMW그룹의 수석 부사장이자 BMW그룹코리아 사장인 김효준 씨도 개인의 일방적인 생각은 위험하다고 경고한다.

"오래전 일인데, BMW 블랜드 가운데 L7이라는 고급차가 있어요. 전 세계적으로 500대만 한정 생산된 차죠. 경기도 좋지 않을 때여서 내놓아도 팔리지 않을 거라고 판단했는지 인천 시 창고에 그대로 처박아둔 겁니다. 그래서 딜러에게 일단 매장에 전시해놓으라고 지시했죠. 별 기대도 하지 않았는데 이틀 만에 어떤 고객이 그 자리에서 현금 2억 6천만 원을 주고 사 간 겁니다."

아무리 내가 전문가이고 베테랑이라도 내 생각이 꼭 옳을 수는 없다. 타인의 생각이 잘못됐다고 비난하거나 무시하기 전에 내 생각이 잘못된 건 아닐까, 다시 한 번 생각해볼 필요가 있다. 독선은 눈을 가려서 자칫하면 모처럼 찾아온 중요한 기회를 놓칠 수도 있기 때문이다.

호리바 제작소는 전 세계 차량 배기가스 계측기 시장의 80퍼센트를 점령하고 있는 강소그룹이다. 호리바 제작소는 1945년에 호리바 마사오가 교토대학 재학 중 개설한 연구소에서 출발했다. 1950년 일본 최초로 유리전극식 산성도(PH) 측정기를 개발하면서 급성장해서 1953년 주식회사로 전환했다.

1964년 호흡으로 심폐기능을 측정하는 기계를 제조하고 있을 때의 일이었다. 견학 온 통산성 공업 기술원의 공해자원연구소 직원이 이 기계에 관심을 보였다. 건강에 관심이 많은가 보다 했더니 전혀 뜻밖의 제안을 해왔다.

"이 기계를 자동차 배기가스를 측정하는 데 사용하면 어떻겠습니까? 약간만 개조하면 될 것 같은데……."

'뭐야, 이 사람? 인류의 건강을 위해서 심혈을 기울여 만든 기계를 더러운 배기가스 측정에 사용하자고?'

호리바 마사오는 기분이 나빠서 단칼에 거절했다. 그로부터 얼마 뒤, 연구원이었던 오우라 마사히로가 몰래 배기가스 측정 실험을 했다는 사실을 알게 되었다. 화가 치밀어서 오우라를 불러서 호되게 꾸짖었다. 그러나 그는 순순히 물러서지 않고 오히려 호리바를 끈질기게 설득하기 시작했다.

임원도 아니고 일개 연구원이 열정적으로 호소하자 그제야 비로소 한 발 물러서서 상황을 바라보았다. 다시 한 번 곰곰이 생각해봤지만 성공 확률은 높아 보이지 않았다. 그렇다고 의욕을 갖고 달려드는데 매정하게 뿌리칠 수도 없었다.

"좋아! 대신 더도 말고 딱 세 대만 팔아봐. 세 대도 못 팔면 시말서를 써야 해. 자신 있나?"

"감사합니다!"

그렇게 개발된 배기가스 측정 장치가 지금은 호리바 제작소

매출의 절반을 차지할 만큼 주력 상품으로 떠올랐다. 사표마저도 불사하고 매달렸던 오우라 마사히로는 호리바 제작소의 2대 사장이 되었다.

호리바 마사오는 그 일로 인해 소통의 중요성을 절감했다. 그 뒤로는 '모난 사람이 모나지 않은 사람보다 뛰어날 가능성이 높다'라는 생각을 하게 되었고, 성실한 인간형 못지않게 개성 있는 인간형을 주목했다. 조직 내에서 개성 있는 인간이 평범한 인간에 묻힐 걸 우려한 그는 이렇게 말했다.

"물고기는 잡어일수록 무리를 지으려고 한다. 무리를 짓지 않는 것은 다른 물고기를 배제하지 않고 공생하고 있다는 증거다."

지식정보화 시대에는 좋은 정보와 훌륭한 아이디어를 접할 기회가 많다. 내 생각만 주장할 게 아니라 타인의 이야기에 귀를 기울여라. 소통하려는 의지만 있다면 '융합과 복합을 통한 새로운 창조'가 충분히 가능하다.

## 34
## 성장이 정체되면
## 시장의 파이를 키워라

나무는 끝없이 클 것 같지만 성장에 한계가 있다. 세계에서 가장 큰 나무는 미국의 삼나무, 레드우드 종으로서 높이가 116미터 가까이 된다. 더 이상 성장하지 못하는 이유가 있다. 이처럼 거대한 나무들은 뿌리에서부터 꼭대기까지 물을 끌어올리는 데 무려 24일이나 걸린다. 이토록 비효율적인 체제에서는 성장은커녕 유지조차 쉽지 않다.

기업도 비슷하다. 경영을 잘하고 주변 여건이 받쳐주면 나무처럼 꾸준히 성장한다. 그러나 어느 단계에 이르면 성장이 정체되거나 오히려 퇴보한다. 여전히 시장점유율이 낮은데도 불구하고 이런 현상이 빚어진다면 성장을 뒷받침할 만한 인프라가 부족하기 때문이다. 시스템과 프로세스를 다시 구축하고, 교육을 통해 구성원의 역량을 강화하면 기업은 다시 성장하게 된다. 그러나 시장 점유율이 압도적으로 높아서 성장이 정체되었다면 파이를 키워야 할 때다. 시장의 파이의 키우는 데는 몇 가지 방법이 있다.

### 하나, 시장을 확대한다.

국내 시장이 협소하게 느껴진다면 해외로 눈을 돌릴 필요가 있다. 국내 시장 밀폐용기 1위 업체인 락앤락은 플라스틱 제조업체에서 출발했다. 역량을 집중할 필요성을 느끼고 반찬 용기 시장에 뛰어들었고, 마침내 락앤락이라는 성능이 탁월한 밀폐용기를 만드는 데 성공했다. 우여곡절 끝에 압도적인 차이로 국내 시장 점유율 1위 기업으로 등극하지만 성장의 한계를 느끼고 해외 진출을 시도했다.

좋은 제품을 생산하는 기업이라면 해외 진출을 염두에 둘수밖에 없다. 락앤락도 마찬가지였다. 제반 여건이 따라주지 않아서 주저하고 있었는데, 국내 시장의 한계를 절감하자 더 이상해외 진출을 미룰 수 없었다. 시장 자체도 커서 매력적인 데다 문화도 비슷한 중국 시장을 노린 락앤락은 현지화의 전략으로 중국 시장 진출에 성공을 거두었다. 지금은 동남아 국가를 넘어서 세계를 향해 뻗어나가고 있다.

**둘, 제품군을 다양화한다.**

기업이 오랜 기간에 걸쳐 성장하면 여러 방면에서 노하우가 축적되게 마련이다. 노하우를 살려서 제품을 다양화하면 리스크를 줄이면서 파이를 키울 수 있다. 아웃도어 제품들은 등산을 위한 레저용품으로 출발했다. 경쟁은 점점 치열해지고 성장이 한계에 부딪히자 평상복이나 운동복 형태의 등산복, 운동화 형태의 등산화 같은 다양한 제품을 출시함으로써 시장의 파이를 키우는 데 성공했다.

**셋, 숨어 있는 잠재 소비자를 찾는다.**

SNS나 체험 마케팅으로 소비자에게 다가가거나, 빅데이터를 이용한 마케팅으로 잠재적 고객에게 접근하거나, 시장에서 소외된 고객을 공략하는 방법 등이 있다. 얼마 전, 일본에서 비만 여성을 위한 패션잡지 <라 파파>가 창간되었다. 패션계는 물론이고 잡지 시장에서 조역에 불과했던 그들을 주인공으로 등장시켜서 새로운 시장을 열었다. 잡지의 성공 여부를 떠나서 패션잡지 시장의 파이를 키운 것만은 분명하다.

**넷, 아이디어 상품을 개발한다.**

아이디어 상품이라고 해서 반드시 기발해야 하는 것은 아니다. 기존에 나와 있는 평범한 제품에 몇 가지 기능만 보강하면 실용적이면서도 훌륭한 아이디어 상품이 된다. 대형트럭 시장의 강자인 폭스바겐그룹의 스카니아는 운전자들을 위한 침대를 구비해놓는가 하면, 시동을 끈 상태에서도 침대 온도를 따뜻하게 유지하는 히터를 침대에 내장해놓았다. 이 아이디어는 장시간 트럭에서 생활하는 운전자들의 마음을 단숨에 사로잡았다.

성장의 정체는 기업으로서는 커다란 위기다. 대다수 리더가 기존에 해왔던 공격적인 경영으로 돌파구를 마련하려고 한다. 그러나 시장이 한계에 도달했을 때 임직원들을 무리하게 압박하면, 성과 위주의 경영을 하는 동안 쌓여 있던 문제점들이 한꺼번에 터져버릴 수도 있다.

일본 영화계의 거장 고바야시 마사히로는 "기업이 번영하기 위한 첫 번째 조건은 확실하게 수요가 증가하는 유망한 시장에서 비즈니스를 펼치는 것"이라고 했다. 사업을 시작하는 사람이라면 새겨들어야 할 명언이다. 쉽게 피부에 와닿지 않는다면, 마크 주커버그가 페이스북을 만들지 않고 명함 가게를 시작했다면 결과가 어땠을까를 상상해보라.

그러나 이미 비즈니스는 시작됐고, 더 이상 수요가 증가하지 않을 때는 시장의 파이를 키우는 방법을 모색해야 한다. 빌 게이츠의 충고를 가슴에 비수처럼 품고서 말이다.

"어제의 상식은 어제의 시장에서만 통용될 뿐이다. 의식이 변하지 않으면 도태될 수밖에 없다."

35
# 실패가 두려워 피해 다니면
## 결국 인생의 실패자가 된다

세계경기 침체로 실업률이 증가하자 창업을 희망하는 사람들이 늘어가고 있다. 최근 취업 포털사이트에서 구직자 2,289명을 대상으로 조사한 바에 의하면, 66.4퍼센트가 창업을 하고 싶다고 응답했다. 30대가 82.5퍼센트로 창업 희망자가 가장 많았고, 50대(80.9퍼센트), 40대(77.1퍼센트), 20대(62.2퍼센트), 10대(58.8퍼센트) 순이었다.

한국고용정보원이 2012년 전국 대학생 1,000명을 대상으로 창업 의향 조사를 실시했는데, 그 결과도 위와 비슷한 수치인 63.3퍼센트가 창업을 희망하는 것으로 나타났다. 그러나 실제로 창업을 준비 중인 학생은 4.9퍼센트에 불과했고, 83.1퍼센트는 먼저 사회 경험을 축적한 뒤 창업할 것이라고 응답했다.

창업을 가로막는 가장 큰 요인은 실패에 대한 두려움이었다. 창업하기에 제반 조건이 좋은 미국의 실리콘밸리에서도 창업 성공률은 10퍼센트 안팎에 불과하다. 한국의 대학생이 창업에서 성공할 확률도 10퍼센트 안팎이다. 크라이슬러 회장이었던 리 아이아코카는 말했다.

"가치 있는 모든 것에는 항상 실패의 위험이 뒤따른다."

실패할 확률이 높다고 해서 해보고 싶은 일을 포기해서는 가치 있는 인생을 기대할 수 없다.

1984년 아버지에게 물려받은 지방의 작은 양복점에서 시작해서 일본 최고의 갑부가 된 유니클로의 야나이 다다시 회장은 실패에 대한 남다른 가치관을 지니고 있다. 그는 실패하더라도 회사가 망하지만 않으면 된다고 말했다.

"실패할 거라면 빨리 실패를 경험하는 편이 낫죠. 비즈니스는 이론대로, 계획대로 되는 것이 아닙니다. 빨리 실패하고, 빨리 깨닫고, 빨리 수습하는 것이 저의 성공 비결입니다."

야나이 다다시는 새로운 시도를 하게 되면 실패는 당연하다고 말한다. 실패하지 않는 것은 새로운 시도를 하지 않았거나, 실패의 원인을 모르고 있다는 증거라는 것이다. 1승을 하기 위해서 아홉 번을 실패해도 좋다고 생각하는 그에게 실패는 실패가 아닌 성공의 또 다른 이름일 수밖에 없다.

지금은 세계 스마트폰 시장에서 애플마저 따돌리고 절대 강자가 된 삼성도 실패를 딛고 일어섰다. 1993년 6월 이건희 회장은 프랑크프르트에서 임원진을 모아놓고 "마누라와 자식 빼고 다 바꾸라"며 신경영을 선언했다. 그 이듬해인 1994년 삼성은 야심차게 첫 휴대전화를 출시했다. 그러나 불량률이 11.8퍼센트에 달해 시장의 외면을 받았다. 이에 분노한 이 회장은 1995년 구미사업장에서 불량 휴대전화 15만 대를 소각하는 이른바 '화형식'을 진행하며 삼성의 근본적인 체질 개선의 필요성을 역설했다. 결국 애니콜을 앞세운 삼성은 굴욕의 세월을 뒤로하고 세계 시장에 우뚝 설 수 있었다.

이탈리아의 세계적인 디자인 기업인 알레시에는 실패를 기념하기 위한 '실패기념관'이 세워져 있다. 박물관에는 심혈을 기울였지만 시장에서 주목받지 못한 작품들이 전시되어 있다. 직원들은 실패기념관을 수시로 방문한다. 이곳에서 차도 마시고 미팅도 하면서 실패 원인을 분석한 뒤 소비자에게 한 걸음 다가가기 위한 새로운 아이디어를 찾는다.

실패를 실패 그 자체로 봤다면 '실패기념관'은 세워지지 않았을 것이다. 실패는 성공을 향해 다가가는 과정에서 맞부딪히게 되는 수많은 난관 중의 하나일 뿐이다. 어떤 이는 실패를 통해서 좌절하기도 하지만 어떤 이는 실패를 통해서 영감을 얻기도 한다.

스티브 잡스 사망 이후로 미국에서 가장 혁신적인 기업가로

꼽히는 엘론 머스크는 사업가로서 첫발을 내딛었던 온라인 콘텐츠 기업 집투를 운영할 때 직원들에게 이렇게 말했다.

"실패는 우리 회사의 옵션입니다. 만약 당신이 실패하지 않는다면, 충분히 혁신적이지 않았다는 것입니다."

실패를 어떻게 받아들일 것인가? 실패에 대한 해석은 개개인이 사물을 받아들이는 방식에 따라 엇갈린다. 우선 심리적으로 느끼고 있는 실패의 크기를 줄일 필요가 있다. 사실, 실패는 상상하는 것처럼 대단하지 않다. 하고 싶은 일이 있다면 더 늦기 전에 일단 저질러볼 필요가 있다. 비록 실패로 끝나더라도 자신의 행위에 정당성을 부여하려는 '일관성의 법칙' 때문에 불행해지지도 않으며, 심리적으로 큰 고통을 느끼지도 않는다.

인간은 자신이 행한 일보다는 해보지 못한 일을 더 후회하는 경향이 있다. 실패는 후회 없는 삶, 가치 있는 삶을 살기 위해서 지나야 하는 일종의 터널 같은 것이다. 세상이 얼마나 아름다운지 깨닫기 위해서는 어두운 터널 속도 걸어봐야 한다. 터널이 아무리 길어도 전체적인 여정에 비하면 터무니없이 짧다. 도전했다가 실패하더라도 긍정적으로 받아들일 필요가 있다.

대학생들이 IBM의 설립자인 토마스 왓슨에게 성공 비결을 묻자 그는 이렇게 대답했다.

"실패를 두 배로 늘려라. 그러면 성공할 수 있다."

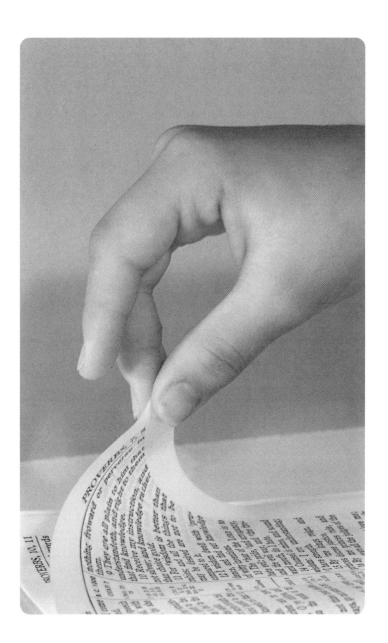

We Call It Life
Because It Is Not Perfect

# Chapter 5

넘어서라,
젊은 날의 꿈속에
진정한 성공이
숨어 있다!

위대한 성취를 하려면 행복뿐만 아니라 꿈꾸는 것도 반드시 필요하다.

**_ 아나톨 프랑스**

---

꿈을 기록하는 것이 나의 목표였던 적은 없다. 꿈을 실현하는 것이 나의 목표다.

**_ 만 레이**

---

세상의 업적 중 대부분은 희망이 보이지 않는 상황에서도 끊임없이 도전한 사람들이 이룬 것이다.

**_ 데일 카네기**

# 한계를 극복하고 싶다면 '나'보다는 '우리'를 생각하라

충청남도 예산에 가면 '의좋은 형제 공원'이 있다. 1956년부터 2000년까지 초등학교 교과서에 실렸던 실제 주인공들의 아름다운 형제애를 기리기 위해서 세운 공원이다. 줄거리를 간략하게 요약하면 가을걷이가 끝난 뒤 형은 아우의 살림살이를 걱정해 밤중에 몰래 볏단을 옮기고, 동생은 형의 살림살이를 걱정해 밤중에 몰래 볏단을 옮기다가 중간쯤에서 만나 형제애를 확인한다는 내용이다.

인간의 본성이 이기주의냐, 이타주의냐에 대한 철학적 논쟁이 뜨겁다. '의좋은 형제'처럼 세상을 살 수 있다면 더없이 좋겠지만 현실은 그렇지 못하다. 경제적인 측면에서 본다면 인간의 본성은 확실히 이기주의에 가깝다.

그러나 이기주의에 사로잡혀서 지나치게 성과만 추구하다 보면 개인이든 기업이든 성장에 한계가 있다. 세상 모든 것을 '나' 위주로만 해석하기 때문이다. 나만 아는 사람이나 기업은 성장에 한계가 있다. 정체를 해소하고 한계를 극복하기 위해서는 의좋은 형제처럼 상대의 입장을 헤아릴 줄 아는 역지사지(易地思之)의 정신이 필요하다.

한때 폐업 위기에까지 몰렸던 홋카이도의 아사이야마 동물원이 화려하게 부활할 수 있었던 비결도 역지사지의 정신에 있었다. 기존 동물원은 철창 안에 동물을 격리시켜놓고 인간이 구경할 수 있도록 꾸며놓은 인간 중심의 구조였다. 아사이야마 동물원의 사육사들은 동물의 입장까지 충분히 고려해서 동물원을 개조했다. 인간이 동물을 구경하듯이 동물이 인간을 구경할 수 있도록 꾸민 것이다.

달아나지 못하도록 속 날개를 자르는 대신에 커다란 그물망을 씌워서 그 안에서 자유롭게 생활하도록 꾸민 '새들의 마을', 아크릴로 수중터널을 만들어서 펭귄이 자유롭게 헤엄치는 광경과 하늘을 나는 듯한 모습을 볼 수 있는 펭귄관, 수직으로 된 원통형을 통과하는 바다표범의 모습을 바로 코앞에서 볼 수 있는 마린웨이, 북극곰을 가까이서 관찰할 수 있고 신 나게 헤엄치는 모습을 볼 수 있는 북극곰관, 360도 어느 각도에서든 구경이 가능한 표범관 등등의 특수한 시설물은 관람객을 위한 것처럼 보이지만 실상은 동물을 위한 것이기도 하다. 사육사들의 노력은 무료함을 참지 못해 하품을 하거나 잠만 자던 동물들에게 활력을 찾아주었고, 동물들의 활력은 고스란히 관람객에게 전해져 특별한 즐거움이 되었다.

아사이야마 동물원은 2005년 혁신적인 기업과 상품에만 수여하는 '일본창조대상'을 비롯해서 각종 언론에서 주는 크고 작은 상을 받았다. 그러자 동물원장인 고스케 마사오에게 기업이나 지방자치단체에서 강연 의뢰가 쇄도했다.

일본의 매스미디어는 물론이고 일본 국민들이 아사이야마 동물원의 화려한 부활에 열광한 까닭은 화려했던 시절을 뒤로하고 침체 일로를 걷던 동물원과 일본 경제가 닮았기 때문이었다. 침체에 빠져 있던 일본은 '따라 하기'나 '베끼기'의 한계를 절감해야 했다. 그러던 중 '창조적 발상'을 통한 아사이야마 동물원의 부활은 미로에 빠져 있던 일본 경제에 희망과 함께 무한한 영감을 불어넣어 주었다.

지극히 이기적인 '나'를 버리고 상대방의 입장에서 생각하자는 역지사지의 정신은 교육계로 번져 한때 눈높이 교육이 성행하였다. 이제는 각종 신상품에 반영되고 있는 실정이다.

얼마 전, 한국에서 200만 원이 넘는 유모차가 불티나게 팔려나가 화제가 되었다. 2004년 <타임>에서 가장 위대한 발명품 중 하나로 선정한 스토케의 유모차인데, 다른 유모차와는 확연한 차이점이 있다. 기존 유모차가 엄마가 아이를 위에서 내려다보는 일방 통행적인 구조였다면 스토케 유모차는 아이 또한 엄마를 올려다볼 수 있게끔 설계되었다. 역지사지의 정신이 유모차의 개발과 설계에 고스란히 반영된 것이다.

아이가 비록 말을 하지 못한다고 해서 감정조차 없는 것은 아니다. 엄마와 외출하는 동안 아이는 엄마의 얼굴을 보고 싶어 한다. 유모차 제작자들은 엄마의 생각은 물론이고 아이의 생각까지 충분히 고려했고, 소비자들은 새로운 시각으로 접근한 새로운 제품에 환호하며 기꺼이 지갑을 열었다.

역지사지의 정신은 사기업을 뛰어넘어 공기업으로 옮아가고 있다. 독일 철도공사는 기차에서 내리자마자 자전거를 타고 가까운 정류장이나 집까지 이동할 수 있는 자전거 대여시스템인 '콜 어 바이크(Call a Bike)' 서비스를 제공하고 있다. 기차역에서 내려 자전거를 이용하고 싶다면 휴대전화 ARS나 애플리케이션을 통해 자전거 자물쇠의 비밀번호를 받아 이용하면 된다. 반납 또한 휴대전화로 통보하면 된다. 시설물관리를 최선으로 알았던 공무원이 '나'를 뛰어넘어서 이용자의 편리를 생각하기에 이른 것이다.

현대 자본주의는 나의 이익 추구라는 이기주의 위에서 싹텄다. 역지사지의 정신으로 주변을 잘 찾아보면 혁신할 수 있는 것들도 많고, 혁신해야 할 것도 많다. 오만과 독선으로 가득 차

있던 기업들도 뒤늦게 소비자와 눈을 맞추기 위해 노력하고 있다. 이제 성공하고 싶다면 '나의 편리함'을 넘어서야 한다. 지금은 '당신의 편리함', '우리의 편리함'을 생각해야 할 때다.

# 끝을 넘어서야
# 새로운 세계가 열린다

"부담감 때문에 내가 잘할 수 있는 선수생활을 포기한다면 훗날 후회하고 아쉬워할 것만 같아요."

2012년 7월 2일, 피겨여왕 김연아가 기장회견장에서 밝힌 현역 선수로 복귀하는 이유다. 7세의 어린 나이 때부터 피겨를 시작한 김연아는 동계올림픽 금메달을 목표로 쉼 없이 달려왔고, 마침내 그토록 갈망하던 금메달을 땄다. 시상대에서 김연아 선수가 눈물을 흘릴 때 국민들도 함께 감격의 눈물을 흘렸다. 고단하고 힘든 시간들을 이겨내고 마침내 목표를 쟁취한 그녀가 너무도 대견했기 때문이다.

김연아는 피겨선수로서 모든 것을 이루었다. 그런 그녀가 현역으로 복귀 선언을 했다. 예전의 기량을 최대한 빨리 회복하기 위해서 훈련의 양을 두 배로 늘리겠다는 선언과 함께……. 기자회견을 지켜보며 진심으로 감탄하지 않을 수 없었다. 그녀는 고작 스물둘의 어린 나이임에도 불구하고 진정한 성공의 의미를 알고 있었다.

새로운 세계를 열려면 끝을 넘어서야 한다. 그러나 대다수 사람이 끝에서 돌아선다. 학문의 시작은 대학에 입학했을 때부터가 시작인데 끝이라고 생각하고, 성공의 시작은 변호사나 의사가 되었을 때부터가 시작인데 모든 꿈을 이루었다고 생각한다.

알을 깨고 나왔다고 해서 그곳에 안주한다면 평생 둥지를 벗어나지 못한다. 끝에 다 왔다는 생각이 들 때, 우리는 스스로에게 자문할 필요가 있다. 우리가 끝이라고 생각하는 곳은 또 다른 출발점일 뿐이다.


"아, 좋네요! 전보다 한결 시원해졌어요."

하얗게 칠해진 공장 내부를 둘러보며 사장은 만족스러워했다. 일을 맡긴 사장이 좋아하니 이시코 다쓰지로도 기분이 좋았다. 그러나 돌아서자 다시금 '과연 이것이 최선일까?' 하는 의문이 들었다.

이시코 다쓰지로는 공장용 기계를 제조하고 설치하는 일을 하는 닛신산업의 대표다. 하루는 거래처 사장이 상담을 해왔다.

여름철이 되면 공장의 실내 온도가 너무 높아지는데, 온도를 낮출 방법이 없겠느냐는 것이었다. 다쓰지로는 한동안 고민하다가 검은색 물체는 빛의 흡수율이 높고, 흰색 물체는 빛의 흡수율이 낮다는 사실을 떠올렸다. 혹시나 하는 마음에서 공장 내부의 벽을 흰색으로 칠했는데, 보기도 좋을 뿐더러 실내 온도도 전보다 확실히 낮아졌다.

일을 맡긴 사장이 만족했으니 끝이 난 셈이었다. 보통 사람 같으면 일상으로 되돌아갔겠지만 다쓰지로는 어떻게 해서 실내 온도가 내려갔는지를 밝혀내기 위해 본격적으로 공부하기 시작했다. 끝을 끝이 아닌 새로운 출발점으로 삼은 셈이었다.

그 결과 도료의 색깔마다 함유된 물질의 종류가 다르고, 그 물질의 종류에 따라 단열 효과에서 차이가 난다는 과학적인 사실을 알아냈다. 그는 주변 온도에 따라 온도가 변하는 특성을 지닌 세라믹에 주목했고, 도료에다 세라믹을 섞으면 단열 효과를 내는 도료를 만들어낼 수 있을 거라고 생각했다.

세라믹은 종류가 워낙 많아서 최적의 조합을 찾아내기란 쉽지 않았다. 결국 4년간의 연구와 실험 끝에 얇게 바르기만 해도 단열 효과가 뛰어난 도료를 개발해냈다. 이제 모든 고생이 끝났다고 생각했는데 마음고생은 그때부터였다. 일반인의 상식을 뛰어넘을 정도로 뛰어난 성능이 문제였다.

다쓰지로는 일반 도료보다 가격을 30퍼센트 높게 책정해서

'가이나(GAINA)'라는 이름으로 도료를 출시했다. 벽과 천장에 바르기만 해도 겨울철 난방비를 30퍼센트 남짓 줄일 수 있음에도 불구하고 그걸 믿는 사람이 아무도 없었다. 도료의 성능이 마법 같다 보니 10년 동안 한 통도 팔리지 않고, 오히려 사기꾼 취급을 당해야만 했다. 포기하자고 마음먹고 있던 차에 지인이 보기 안쓰러웠는지 20통을 사줬다. 별다른 기대도 하지 않았는데 정말로 단열 효과가 있자 건축 잡지에 관련 내용을 실었고, 그때부터 조금씩 판매되기 시작했다.

지금은 단열 효과가 곳곳에서 입증된 데다 냄새를 제거하는 효과도 뛰어나서 흡연실의 도료로도 사용되고 있다. 가이나는 새로운 미래를 열 기술로 일본우주항공연구개발기구에서도 인정하여 빠르게 시장점유율을 높여 나아가고 있다.

새로운 세계를 열기 위해서는 남다른 용기가 필요하다. 어떤 작품을 완성했든, 어떤 프로젝트를 끝냈든, 어떤 사업을 완성했든 간에 마침내 끝이 났다면 모든 걸 잊고서 푹 쉬고 싶은 게 인간의 심리다. 그러나 뇌는 긴장이 풀어지면 금세 망각체제로 돌입한다. 뇌가 망각 프로그램을 가동하기 전에 진지하게 자문해야 한다.

'이것이 과연 최선일까?'

물론 당신은 최선을 다했고, 최선의 결과를 도출해냈을 수도 있다. 하지만 어쩌면 당신은 황금으로 된 열쇠를 얻은 작은 기쁨에 취해, 황금 창고 앞에서 돌아서려 하고 있는 건지도 모른다.

당신이 지금 서 있는 그 지점은 끝이 아니다. 그 끝은 어쩌면 당신의 운명을 바꿔줄 위대한 출발점일 수도 있다.

## 38
## 좋은 생각이
## 살기 좋은 세상을 만든다

2006년 유럽연합에서부터 시작된 환경 규제가 세계적으로 강화되면서 기업들이 울며 겨자 먹기 식으로 친환경 운동에 동참하고 있다. 쓰레기 폐기물 줄이기, 일회용품 줄이기, 이산화탄소 배출량 줄이기 등등을 실천하고 있지만 아직까지는 '소비자들의 눈치 보기'라는 인상을 지울 수 없다. 그러나 세제 없는 세탁기가 발명되고, 친환경 에너지 개발에 투자하는 기업이 꾸준히 늘어나는 것으로 봐서는 인류의 미래가 비관적이지만은 않다.

세계 최대의 에어컨 생산업체인 위앤다그룹의 CEO 장위애는 "기업의 수익보다 환경보호가 우선되어야 하고, 발전보다는 사회적인 책임이 우선되어야 한다"고 말한다. 위앤다그룹의 창업 이념은 '설중송탄(雪中送炭)'이다. 눈으로 고립되어 있을 때 땔감을 보낸다는 뜻이다. 사회가 필요로 하는 제품을 만들어내 겠다는 의지가 깃들어 있다.

장위애는 전기 대신 온수, 공업용 증기, 석탄 가스, 천연 가 스 등을 사용하는 연료식 에어컨을 개발해 꾸준히 발전시켜왔 다. 연료식 에어컨은 전기식 에어컨에 비해 이산화탄소 배출량 도 줄일 수 있고, 에너지 절감 효과도 뛰어나다. 그는 2009년 <비지니스위크>에서 선정한 중국녹색경제 대상을 수상하기도 했는데, 에어컨 생산업체의 경영자임에도 불구하고 에어컨 없 는 세상을 꿈꾸고 있다. 단열과 통풍 효율을 높여서 에너지 소 모를 막고, 에어컨 사용을 점차 줄여나가 에어컨을 사용하지 않 고 살 수 있는 세상을 만들기 위한 연구에 투자하고 있다.

좋은 생각을 실천하는 기업가들이 점차 늘어나는 추세다. 소비자의 입장에서도 반가운 일이다.

2003년 2월에 발생한 대구지하철 방화 사건은 192명 사망, 21명 실종, 151명 부상자가 발생한 대참사였다. 화재가 발생하 면 주된 사망 원인은 유해가스다. 대구지하철 때도 전철의 객차 가 화재에 취약한 가연성 재질이어서 시트가 빠른 속도로 불에 타면서 인체에 치명적인 유독가스가 발생했다. 화재 발생 20여 초 만에 대구지하철공사 종합사령실에 설치되어 있던 승강장 감시용 CCTV의 화면에 아무것도 보이지 않을 정도로 검은 연

기로 뒤덮였다. 중앙로역 일대는 유독가스로 매캐한 냄새가 진
동했으며, 환풍구와 출입구 등에서 나온 시커먼 연기가 시내 전
체를 뒤덮을 정도였다.

한국뿐만 아니라 일본에서도 한 해에 1,000명 이상이 화재
로 숨진다. 화재 사건 뉴스가 터지면 대다수가 자신에게 발생한
일이 아니라는 사실에 안도하며 "쯧쯧! 조심 좀 하지" 하고 넘
어간다. 그러나 생각을 실천한 사람이 있다.

1급 건축사였던 아사노 노리야키는 화재 사망 소식을 접할
때마다 '화재로 인한 희생을 줄일 방법은 없을까?' 하고 고민을
계속했다. '불에 타지 않는 목재를 만들 수만 있다면 안심도 되
고, 설령 화재가 나도 유해가스도 발생하지 않으니 얼마나 좋을
까' 하는 생각이 계속 머릿속을 맴돌았다.

그러던 중 그는 붕산의 불연 효과에 주목했다. 오랜 연구 끝
에 섭씨 1,200도의 불에도 검게 그을릴 뿐 타지 않고, 철의 약
4.5배에 달하는 강도와 콘크리트의 약 9배에 달하는 압축강도
를 지닌 불연목재를 만들어냈다. 일반 목재에 비해서 가격이 10
배나 비싸다는 단점이 있지만 일본 정부의 적극적인 지원에 힘
입어 미래를 이끌 새로운 제품으로 주목받고 있다.

한국에서도 전북대학교 박희준 교수팀이 불에 타지 않는 난
연목재를 개발해 양산체제에 들어갔다. 제품 생산 시간도 줄이
고, 가격 경쟁력도 갖추고 있다고 하니 가까운 미래에는 목재

건물도 화재로 인한 위험으로부터 벗어날 수 있을 듯싶다.

마이크로소프트 창업주이자 자선사업가인 빌 게이츠는 화장실 프로젝트에 340만 달러를 투입하기로 하는 등 화장실 재발명 사업에 총 650만 달러를 투자하겠다는 계획을 발표했다. 전 세계 인구의 약 40퍼센트인 25억 명이 위생적인 화장실을 이용하지 못하고 있고, 배설물에 오염된 물과 음식이 장질환 등 각종 질병을 일으켜, 해마다 5세 이하 어린이 150만 명이 사망하고 있다고 한다.

빌 게이츠는 "서구식 수세식 화장실은, 물이 부족하고 하수구가 없고 전기와 오물처리 시설이 없는 가난한 국가에서는 적합하지 않다"고 판단하고 가난한 국가에 적합한 화장실을 만들기 위한 공모전을 열었다. 2012년에 열린 화장실 공모전에는 미국 캘리포니아 공대팀이 물을 재활용할 수 있고 배설물을 저장 가능한 에너지로 바꿀 수 있는 태양열 화장실을 선보여 1등상과 함께 상금 10만 달러를 받았다.

제임스 앨런은 『생각의 지혜』에서 이렇게 언급했다.

'우리는 오늘 우리의 생각이 데려다놓은 자리에 존재한다. 우리는 내일 우리의 생각이 데려다놓을 자리에 존재할 것이다.'

수단과 목적을 가리지 않고 돈만 벌면 장땡이었던 세상은 멀어져가고, 착한 사람과 착한 생각이 존중받는 세상이 다가오고 있다. 사업을 시작한다면 인류 발전에 공헌할 수 있는 좋은 생각에서부터 출발하는 것도 하나의 방법이다. 과거에는 좋은 생각을 갖고 있어도 수익성이 떨어지기 때문에 실천할 수 없었는데 지금은 그런 걱정은 하지 않아도 된다. 두 마리 토끼를 잡을 수 있는 방법은 찾아보면 무궁무진하다.

## 39
## 착한 사람에게
## 선행을 베풀 기회를 제공하라

선행을 베풀면 타인에게 행복을 선사함은 물론이고 나 자신도 행복을 느끼게 된다. 이러한 감정은 정신적인 보상에 그치는 것이 아니라 육체적인 보상으로 이어진다.

1998년 하버드대학의 데이빗 맥클랜드 박사 연구팀이 하버드 학생 132명을 대상으로 'Ig(immunoglobuli, 면역글로블린항체) A' 실험을 했는데 흥미로운 결과가 나왔다. 실험 결과에 의하면 대가 없이 봉사 활동을 하거나, 봉사와 사랑으로 평생을 바친 마더 테레사 수녀의 일대기를 그린 영화를 보는 것만으로도 신체의 면역력이 높아졌다. 타인을 도우면서 느끼게 되는 심리적 포만감을 '헬퍼스 하이(Helper's high)'라고 하는데, 직간접적으로 선행에 참여하는 것만으로도 이런 상태가 몇 주 동안 지속되었으며, 그 결과 혈압과 콜레스테롤 수치가 낮아지고 엔도르핀이 정상일 때보다 3배 이상 분비되어서 신체의 활력이 넘쳤다.

맥클랜드는 이렇게 말했다.

"선한 행동을 통해서 유발된 감정은 면역력 증가라는 생물학적 사이클의 변화를 일으킨다. 따라서 선행을 하는 사람이 그렇지 않은 사람보다 오래 살 확률이 두 배나 높다."

그렇다면 인간은 왜 선행을 하는 것일까?

듀크대학 의학진은 실험 참가자를 두 그룹으로 나누어서 한 그룹은 자신을 위한 게임을, 다른 그룹은 자선을 위한 게임을 시킨 뒤 MRI 촬영을 했다. 그 결과 선행을 하는 사람은 뇌 후두부의 측두엽 상부피질인 pSTC가 크게 활성화되는 것으로 나타났다. pSTC는 낯선 사람이나 맹수가 나타났을 때 행동을 관찰하고 예측하는 역할을 하는데, 누군가 다른 사람을 위해 희생하는 것을 목격했을 때 가장 눈에 띄게 활성화되는 것으로 드러났다.

이들의 연구 결과에 의하면 인간은 선행을 베풀 때는 물론이고 그것을 지켜보는 것만으로도 자극을 받으며, 인간이 선행을 하는 이유는 동정심이나 자기만족감 때문이 아니라 생존을 위해서 오랜 세월 살아오면서 길러진, 일종의 본능이었다.

마케팅의 대가 필립 코틀러가 『착한 기업이 성공한다』라는 책을 펴낸 것은 2004년 12월이었다(한국에는 2006년 3월에 번역되어 발간되었다). 원제에서 짐작할 수 있듯이 기업의 사회적 책임에 대해 다룬 이 책은, 40여 개 기업의 사회책임 경영 사례 중에서 25개 기업의 실제 사례들을 선택하여 여섯 가지 유형으로 분류하였다.

기업이 변하고 있다. 탐욕스럽게 영리만을 추구하던 집단에서 탈피해 선행에 앞장서고 있다. 교육 지원 사업, 환경 보호, 아동복지 개선, 사회봉사, 지구온난화 저지 캠페인, 애완동물 생명구제 프로그램 등을 통해 기존 이미지의 개선과 더불어 소비자와 새로운 연대를 구축해나가고 있다.

필립 코틀러는 이 책에서 좋은 기업과 위대한 기업을 이렇게 분류한다.

'좋은 기업은 훌륭한 상품과 서비스를 제공합니다. 위대한 기업은 훌륭한 상품과 서비스를 제공할 뿐만 아니라 세상을 더 나은 곳으로 만들기 위해 노력하죠.'

기업들은 왜 갑자기 안 하던 짓을 하는 것일까?

그것은 기업이 소비자가 진화했음을 눈치챘기 때문이다. 과거의 소비자는 소비를 통해 자신의 욕구를 충족시키는 데 그쳤다. 그러나 현대의 소비자는 한 걸음 더 나아가서 소비를 통해서 선행을 실천하려고 한다. 이러한 소비자의 중심에는 G세대(1980년대 후반에서 1990년대 초반 사이에 태어난 세대로서

'Green'과 'Global'의 앞 글자를 따서 G세대라 부른다. 인터넷에 익숙하고 정보 습득이 빠르며 조기 영어 교육을 받아 세계를 무대로 활약하기 때문에 '글로벌 세대'라고도 한다. 환경 운동, 반핵 운동 등에 관심이 많다)가 있다.

얼핏 보기에 소비와 선행은 별개일 것 같은데 소비를 통한 선행이 주목받고 있다. 선행을 통해서 급성장한 기업으로, 신발한 켤레를 사면 제3세계 아이에게 신발 한 켤레를 기부하는 '탐스슈즈'를 들 수 있다. 글로벌 기업인 P&G는 일회용 기저귀 한 팩을 사면 제3세계 국가의 산모와 아이의 파상풍을 치료할 수 있는 백신 하나를 기부한다.

CJ제일제당의 먹는 샘물인 '미네워터'에는 바코드가 두 개 있다. 바코드를 하나 더 찍으면 100원을 기부하게 되고, 제조사와 유통사가 돈을 보태서 총 300원의 기금이 아프리카 아이들에게 깨끗한 물을 공급하는 데 사용된다.

이러한 선행 마케팅의 중심에는 G세대가 있다. 영리를 목적으로 하는 기업들은 이들을 주목하였고, 소비자들에게 선행을 베풀 기회를 제공함으로써 기업 이미지 쇄신과 매출 증대라는 두 마리 토끼를 한 번에 잡았다.

세상이 투명해지면서 나쁜 짓을 해서 돈을 벌던 기업의 설자리가 점점 좁아지고 있다. 한때 '성선설'과 '성악설'에 대한 논쟁이 뜨거웠다. 그러나 과학의 발달로 '성선설'이 힘을 얻어가고 있다. 이제는 소비자의 본성 중에서 '착함'에 주목할 필요가 있다. 우리의 이웃이 자연스럽게 소비를 통해 선행을 베풀도록 유도하고, 새로운 체험을 할 기회를 제공한다면 누구나 '위대한 기업'을 세울 수 있다.

착한 일도 하고, 돈도 벌 수 있다면 이것이야말로 일석이조 아니겠는가?

## 40
## 내가 가진 것을 무료로 나눠주어도
## 내 몫은 줄지 않는다

정보화 시대의 특징 가운데 하나는 무한 복제다. 특히 지적 재산권과 관련된 경우에는 무한 복제가 가능하다. 그래서 기업들은 지적재산권을 위해 연구 인력을 늘리는 한편, M&A를 통해 필요한 지적재산권을 확보하려고 혈안이 되어 있다.

지적재산권이 돈이 되자 특허를 사들여서 필요한 기업에 비싸게 되팔거나 거액 소송을 걸어 돈을 벌어들이는 글로벌 기업들마저 기승을 부리고 있다. 이런 특허괴물들의 손길은 IT 산업뿐만 아니라 산업 전반으로 뻗어나가고 있다. 그러나 이들과 반대의 길을 걷고 있는 기업도 있다.

살충제와 방향제, 세제, 식품 보관 용기, 자동차 광택 용품 등을 생산하는 종합생활 용품업체인 SC존슨은 1886년에 설립된 글로벌 기업이다. 130년 가까운 세월 동안 5대에 걸쳐서 경영권을 대물림했지만 미국에서 가장 존경받는 기업 중 하나로 성장한 데는 남다른 철학을 지녔기 때문이다.

SC존슨은 2001년부터 막대한 돈과 시간을 투자해서, 생산하는 제품의 원료와 성분을 밝혀 인체에 무해한 제품을 만들기 위한 '그린 리스트 프로젝트'를 펼쳤다. 그 결과 자신들이 사용하고 있는 화학물질의 95퍼센트 이상을 과학적으로 분석하여 환경과 인체에 미치는 영향을 밝혀냈고, 이를 바탕으로 해로운 물질의 사용을 최대한 친환경적인 물질로 대체하였다.

또한 이들은 천문학적인 비용을 들여 연구한 결과를 다른 기업에게 로열티를 받지 않고 무료로 제공하였으며, 한발 더 나아가 2009년에는 생산 제품의 성분을 분석하여 환경과 인체에 미치는 영향을 숨김없이 인터넷에 공개하였다. 유해한 화학물질을 생산하는 업체들은 생존의 위험을 느꼈고, 뒤늦게 친환경적인 물질로 대체하기 위해 진땀을 흘려야 했다.

지금은 기내에서도 컵라면을 제공할 정도로 일반화된 인스턴트 라면을 최초로 만든 사람은 닛신식품의 창업자 안도 모모후쿠이다. 추운 겨울밤에 라면을 먹기 위해서 포장마차 앞에 길게 줄을 서 있는 사람들을 보고, '간편하게 라면을 먹을 수 있는 방법이 없을까?' 궁리하기 시작했고, 1년 동안의 연구 끝에 1958년 세계 최초의 인스턴트 라면인 치킨라면을 상품화시켰다. 1971년에는 최초의 컵라면을 개발하기도 했다.

라면이 세계적으로 빠르게 퍼질 수 있었던 이유 가운데 하나는 안도가 라면 제조 특허를 독점하지 않고, 국내외 업체에서 사용할 수 있도록 개방했기 때문이다. 닛신식품은 내부에 중앙 연구소를 두고서 영양가도 높고 맛도 좋은 신제품을 개발하는데, 그 결과를 모두 공개한다.

'컵라면 박물관'이라고도 불리는 '안도 모모후쿠 발명 기념관'은 요코하마에 위치하고 있다. 그곳에는 '창조적인 생각을 위한 여섯 개의 키워드'가 전시되어 있다.

① 아직 없는 것을 찾는다. (아직 세상에는 없지만 '있으면 좋겠다'고 생각되는 것을 발견한다.)
② 모든 것이 힌트다. (아이디어의 힌트는 주변에 널려 있다.)
③ 아이디어를 기른다. (발명은 독점하지 말고, 모두가 사용하게 한다.)
④ 위에서, 앞에서, 옆에서 바라본다. (다양한 시점을 발견한다.)
⑤ 상식에 얽매이지 않는다. (생활 속에서 당연하다고 생각되는 것을 의심해본다.)
⑥ 포기하지 않는다. (한두 번의 실패로 좌절하지 않는다.)

여섯 개의 키워드 중에서 발명에 관심 있는 사람이라면 다섯 가지는 알고 있다. 그러나 '발명은 독점하지 말고, 모두가 사용하게 한다'는 것은 알면서도 실천하기 어렵다. 자신의 이익과 밀접한 관계가 있기 때문이다.

생각의 전환이 필요하다. 세상이 바뀌었기에 움켜쥐고 있으면 빼앗기고, 오픈하면 소유하게 된다. 오랜 세월 연구해서 기발한 제품을 발명해도 돈 있는 기업에 헐값에 빼앗기다시피 하거나, 특허 시장의 허점을 파고들어 비슷한 특허품을 출시하는 게 다반사다. 음식 장사도 마찬가지다. 새로운 음식을 개발해서 장사가 좀 된다 싶으면 우후죽순으로 달려들어 정작 개발자는

별다른 재미를 못 보는 게 현실이다. 차라리 일찍 발명품을 공개함으로써 시장을 선점할 필요가 있다.

음식점이 즐비한 곳에 가보면 '원조' 경쟁이 치열하다. 원주민들은 알지 몰라도 음식을 먹으러 객지에서 찾아온 사람들은 누가 원조인지 모른다. 중요한 것은 '인정'이다. 손님들이 원조라고 인정해주면 그 집이 '원조'가 되는 것이다.

새로운 사업을 시작했다면 고객들에게 인정받을 필요가 있다. 일찍 사업을 오픈해서 '원조'라는 인정을 받아놓으면 후발 주자가 뛰어들어도 시장을 선도할 수 있다.

## 41
## 상상을
## 현실 속에 뿌리내릴 방법을 찾아라

IT 채널에서 <백만장자 발명가 만들기>라는 프로그램이 인기리에 방영되었다. 아마추어가 자신의 발명품 특허를 들고 나와 그 분야의 전문가와 투자가 앞에서 프레젠테이션을 한다. 그러면 전문가와 투자가 패널이 사업 전망을 검토한 뒤 상품화가 가능할 것 같다고 판단될 경우, 시장에 출시할 수 있도록 도움을 주는 리얼리티 프로그램이다. 곰 인형이 사람을 안아주는 '포옹하는 곰'이나 '멀미 방지에 좋은 여행용 안경' 등등은 시청자의 시선을 잡아끌었다.

2010년 6월, 일본에서는 휴대전화로 야채나 과일을 열심히 키워서 수확하면 실제 농작물이 집까지 배달되는 '하타케피' 게임이 출시되어서 선풍적인 인기를 끌었다. 게임 개발자는 구즈

시마 아케나로, 통신판매 회사에서 일하던 27세의 젊은 여성이었다. 그녀는 자신이 매일 휴대전화를 만지작거리고 있다는 사실을 깨닫고는 게임의 오락성에다 사회성을 더한 새로운 서비스를 생각해냈다.

하타케피는 게임 이용료를 내고 모바일로 경작할 야채를 고르는 게 1단계다. 2단계는 채소나 과일이 자라는 데 필요하다고 게임 회사에서 임의로 정해놓은 일정 기간 동안 정성스레 재배를 해 점수를 확보해야 한다. 3단계는 일정 점수를 넘긴 게이머에게 1만여 명의 20~30대 청년으로 구성된 '전국농업클럽연락협의회'에서 실제 작물을 집까지 배달해준다. 마침내 가상 게임이 현실 속에서 구현되는 순간이다.

과거에는 좋은 아이디어를 갖고 있어도 자금이 없어서 현실화시키지 못했다. 그러나 이제는 세상이 바뀌었다. 좋은 아이디어를 갖고 있다면 각종 사이트를 방문해서 엔젤투자자를 찾으면 된다. 지분 문제 때문에 그조차도 번거롭다면 소셜 펀딩 사이트를 이용하면 된다.

페리 첸은 2001년 뉴올리언스에서 콘서트를 기획하던 중 돈이 생각보다 많이 들어가자, '온라인으로 청중들에게 콘서트 티켓을 미리 팔면 어떨까?' 하고 생각했다. 그는 2009년 세계 최초로 킥스타터(Kickstarter.com)라는 소셜 펀딩 사이트를 만들었다. 4년 동안 성공적으로 끝난 프로젝트가 무려 5만 개나 되며

액수도 800억 달러나 된다. 500만 명 가까운 사람들이 후원자로 나섰다고 하니 아이디어만 괜찮으면 누구나 자신이 원하는 일을 할 수가 있다.

얼마 전에는 남은 수명을 계산하는 손목시계 '티커(Tikker)'가 킥스타터 게시판에 올라와 많은 사람의 관심을 끌었다. 모양은 일반 전자시계와 비슷한데 하단에 남은 인생이 연, 월, 일, 시에 분초까지 뜬다. 수명은 시계와 함께 들어 있는 '어바웃 타임(About Time)'을 보고 계산한 뒤에 입력하면 된다. 물론 신이 아니므로 남은 수명을 정확히 계산할 수는 없다. 흡연하지 않고, 음주하지 않고, 별다른 병을 앓고 있지 않고, 운동하는 습관을 지녔다면 같은 나이 또래보다 수명이 연장된다. 시간의 소중한 의미를 느끼고 싶은 사람들을 위해서 계발된 이 시계의 가격은 39달러다. 목표했던 모금액은 25,000달러인데 열흘도 채 지나지 않아 목표 액수를 초과했다.

한국에도 여러 개의 소셜 펀딩 사이트가 있다. 반도체 회사에 근무하던 딸의 죽음을 계기로 평범한 가족이 슬픔을 딛고 일어나 대기업에 맞서 싸운다는 내용을 다룬 영화 <또 하나의 가족>은 '굿펀딩'에서 영화 제작에 필요한 자금을 모았다. 1억 원이 목표였으나 2,071명이 후원하여 119,365,000원을 모을 수 있었다.

2013년 9월 28일 경기도 고양시의 아람누리 노루목 야외극장에서 국내 최초의 '우크페페(우쿨렐레 페어 앤드 페스티벌)'가 열렸다. 아이부터 노인까지 세대를 초월해서 음악을 즐기는 평화로운 음악회인 우크페페는 햇볕이 있을 때만 열리는 축제로서 프로든 아마추어든 두 곡씩만 연주한다. 이 공연은 소셜펀딩 사이트 '텀블벅'에서 필요 자금을 모금했고, 부족한 자금은 우쿨렐레 제조사들이 기금을 보태어 성사되었다.

SNS 시대의 장점을 잘만 활용한다면 '원수 같은 돈'이 없어서 하고 싶은 일조차 못하는 최악의 사태는 피할 수 있다.

아이디어가 곧 재산인 시대다. 빅토르 위고가 말하지 않았던가.

"세상에는 때를 만난 아이디어보다 더 강한 것은 없다."

모두가 터무니없는 상상이라고 머리를 흔드는 상상도 조금만 비틀면 이 시대에 꼭 필요한 아이디어가 될 수 있다. 상상을 상상으로 끝내지 말고 진지하게 현실화할 수 있는 방법을 찾아라. 열심히 찾다 보면 방법은 의외로 가까운 곳에 있게 마련이다.

42

# 큰 꿈을 이루려면
# 징검다리를 먼저 만들라

얼마 전, 네덜란드의 한 벤처 회사가 화성 이주민 모집 공고를 냈다. 화성에 사람이 살 수 있는 기지를 건설한 뒤, 2022년부터 차례로 4명씩 6차례에 걸쳐 24명을 화성에 보낸다는 계획이다. 이 프로젝트는 그럴싸해 보이지만 귀환 계획은 아예 포함되어 있지 않다. 그럼에도 불구하고 1만 명이 넘는 사람이 신청했고, 그중에는 노벨상 수상자인 물리학자도 포함되어 있다.

현재 화성에는 2011년 11월 26일에 발사되어 9개월간의 비행 끝에 2012년 8월 6일 화성에 무사히 착륙한 나사의 네 번째 화성탐사로봇인 '큐리오시티'가 외계 생명의 흔적을 찾고 있다. 비록 로봇은 발을 디뎠지만 인류에게는 여전히 미지의 세계다. 평균 기온이 영하 55도에다 공기의 95퍼센트가 이산화탄소여서 숨을 쉴 수 없는 곳이다. 그러나 과학자들은 실현 가능한 프로젝트라고 보고 있다. 인류는 지금보다 척박한 환경 속에서도 상상을 꾸준히 현실화시켜왔기 때문이다.

아이언맨의 실제 모델이자 스페이스 엑스의 CEO인 엘론 머스크는 남아프리카공화국에서 태어났다. 어렸을 때는 공상과학에 흠뻑 빠졌고, 그러다 보니 공상소설 광이었다. 대학 시절에는 인류의 미래에 대해 심각하게 고민했다. 앞으로는 '인터넷', '우주', '청정에너지'가 인류의 미래에 커다란 영향을 줄 거라고 생각했는데, 이후 그것들은 삶의 목표이자 꿈이 되었다.

1995년 스탠퍼드대학에서 응용물리학과 재료과학 박사 과정에 들어갔으나 이틀 만에 학업을 중단하고 온라인 콘텐츠 기업인 집투를 창업했다. 사무실에 담요를 깔고 잠을 자고, 샤워는 인근의 YMCA 회관에서 해야 할 정도로 궁핍한 처지였다. 그러나 불과 4년 뒤에 컴퓨터 회사인 '컴팩'과 3억 4,100만 달러에 인수계약서를 체결했다.

28세의 나이에 돈방석에 앉았지만 그는 도전을 멈추지 않았다. 1999년 3월 인터넷 상거래 기업인 엑스닷컴을 설립했는데, 이 회사는 한 차례 합병을 걸쳐 인터넷 결제 서비스 회사인 페이팔로 성장했다. 가능성에 주목한 이베이는 2002년 엘론 머스크를 설득해 15억 달러에 이르는 주식을 주며 인수계약서를 체결했다.

이베이와 협상 과정에서 꿈을 현실화시킬 시기가 도래했음을 직감한 그는 2002년 6월 우주항공 회사 스페이스엑스를 창업했다. 1인당 50만 달러를 받고 일반인에게 우주 관광을 시켜주기 위한 목적으로 설립된 회사다. 로켓을 1회 사용하고 버리는 방식이 아니라, 재사용이 가능하도록 만들어서 비용은 낮추고 성능은 최대화한 고성능 로켓 개발에 박차를 기울였다. 그 결과 '팰콘 1'과 '팰콘 9'라는 로켓을 개발하였고, '드래곤'이라는 상업용 우주선을 세상에 내놓았다.

2008년 12월, 스페이스엑스는 나사와 2012년부터 2015년까지 필요한 물자와 우주인을 12차례에 걸쳐 실어 나른다는 내용을 주요 골자로 하는 계약을 16억 달러에 체결했다. 2012년 5월 우주선 드래곤은 발사 사흘 만에 국제우주정거장(ISS)에 성공적으로 도킹하였고, 520킬로그램에 달하는 음식, 장비, 의류 등을 넘겨주고, 620킬로그램에 달하는 노후 장비와 쓰레기 등을 싣고서 무사히 귀환했다. 우주선을 성공적으로 보낸 것은 민간 기업으로서는 최초이며 국가까지 포함한다면 미국, 러시아, 중국에 이어 네 번째다.

엘론 머스크는 우주로의 꿈을 실현시켜 나아가는 한편, '청정에너지'의 꿈을 이루기 위해서 2003년에는 전기자동차 회사인 '테슬라모터스'를 설립하였다. 그는 미래 자동차로 전기자동차에 주목했고, 2008년 세계 최초로 도로를 달리는 전기자동차

‘로드스터’를 세상에 내놓았다. 그러나 가격이 10만 9,000달러에 달해서 수요자는 한정될 수밖에 없었다. 테슬라모터스는 적자의 늪에 허덕였지만 가능성을 인정받아, 2010년 뉴욕 증권시장에 상장되기에 이르렀다. 2012년 고급 전기자동차 ‘모델 S’의 가격을 4만 9,900달러까지 낮추면서 마침내 대중화에 성공하였다. 주행 능력은 가솔린 차량과 비슷한데, 한 번 충전으로 최대 482킬로미터까지 달릴 수 있어서 구매 예약 대기자가 줄을 서고 있다.

2013년 3월 제네바모터쇼에 참석한 엘론 머스크는 유럽 전역에 무료 전기차 충전시스템을 구축하겠다고 밝혔다. 태양광 업체인 솔라시티의 회장이기도 한 그는 태양광을 이용한 충전

소를 만들어서 연료 걱정 없이 살게 해주겠노라고 호언장담했다. 고유가 시대에 반가운 소식이 아닐 수 없다.

또한 그는 대중이 이용하는 고속열차에도 관심을 갖고 있어 미국 서해안 도시를 연결하는 새로운 콘셉트의 열차를 고안해서, 구상안을 2013년 8월 12일 테슬라모터스 홈페이지에 발표했다. 시속 1,280킬로미터를 달릴 수 있는 하이퍼루프는 철로가 아닌 튜브 속을 달린다. 악천후와 상관없이 운행할 수 있을뿐더러 그 어떤 운송 수단보다도 빠르다. 그러나 어떤 기술을 이용해서 튜브 속을 이동하게 될지는 아직 결정되지 않았다.

엘론 머스크는 하이퍼루프 디자인을 공개한 직후 <비즈니스 인사이더>와 가진 인터뷰에서 실제로 움직이는 시제품을 완성하는 데는 4~5년이 걸리며, 7~10년 정도면 완성할 수 있을 것이라고 밝혔다. 만약 하이퍼루프가 현실화된다면 운송 수단은 진일보하는 셈이다.

어릴 적 품었던 우주 비행의 꿈을 향해 달려가는 또 다른 인물로는 아마존닷컴의 CEO 제프 베조스가 있다.

1986년 프린스턴대학 전자컴퓨터 공학과를 졸업한 그는 몇 개의 회사를 전전하다가 헤지펀드 회사의 수석 부사장 자리에 올랐다. 100만 달러의 연봉을 받고 있었지만 인터넷이 빠르게 확산되는 걸 눈여겨보았고, 성공 가능성을 확신하기에 이르렀다. 그는 주변의 만류를 뿌리치고 '신의 직장'에 사직서를 냈다.

친구들로부터 200만 달러를 빌려서 세계 최초의 온라인 서점인 '아마존닷컴'을 설립하였다.

어떻게 그는 '안정된 미래'를 포기하고 '불확실한 미래'를 선택할 수 있었을까?

제프 베조스는 훗날 레이크 포레스트 칼리지 명예학위 수여식장에서 이렇게 말했다.

"80세가 되었을 때를 상상해보았어요. 나의 열정을 바칠 수 있는 인터넷이라는 세계에 뛰어들지 못한다면 반드시 후회할 것 같았죠. 저는 결국 후회가 적은 길을 택한 거예요."

1994년 7월에 창업한 아마존닷컴이 1997년 5월에 나스닥에 상장되면서 제프 베조스는 졸지에 갑부가 되었다.

그는 어릴 적부터 가슴에 품었던 우주 여행의 꿈을 이루기 위해 2000년 워싱턴 주 켄트 시에 '블루오리진'이라는 회사를 설립했다. 일반인들에게 우주여행을 시키기 위한 첫 번째 프로젝트로 우주선 개발에 착수했고, 3,000만 달러를 투자한 끝에 2006년 11월 '고다드'를 시험 발사하는 데 성공했다. 그러나 기쁨도 잠시 두 달 뒤, 두 번째 시험 발사에서 쓰라린 실패를 맛보아야 했다.

그러나 블루오리진에 대한 미국인들의 기대는 점점 높아져 갔다. 2010년 나사가 370만 달러를 투자하는 등 고액 투자자가 늘어났다. 이에 화답이라도 하듯 2012년 10월 우주 발사 테스트를 성공했다. 상업용 유인 우주선은 2차 실험을 성공리에 마쳤고, 100개 이상의 테스트를 통과함으로써 저궤도 우주선을 마침내 발사할 수 있게 되었다.

엘론 머스크에게 '집투'와 '페이팔'이 꿈의 세계로 건너가는 징검다리였다면 제프 베조스의 징검다리가 되어 준 것은 '아마존닷컴'이었다.

꿈이 있다면 포기하지 말라. 누구도 한 번에 사다리 끝까지 오를 수는 없다. 황당한 꿈이라고 주변에서 코웃음을 치더라도 무시하고, 묵묵히 징검다리를 만들어라. 징검다리만 있다면 한낱 공상가로서의 이미지를 마감하고, 그 멋진 상상을 현실화시킬 수 있다.

# 배움을 멈출 때,
## 인간은 죽고 기업은 무너진다

한국은 고학력의 사회임에도 불구하고, 평균 독서 시간은 세계 평균의 절반에도 미치지 못하는 것으로 나타났다. '2011년도 우리나라 국민독서실태 조사보고서'에 따르면 성인 1인당 독서량은 9.9권으로 2007년 이후 4년째 감소하고 있다. 1년 동안 책 한 권도 읽지 않은 성인도 10명 중 3.2명이나 됐다.

텔레비전 방송 채널 증가, 인터넷의 발달, 스마트폰의 보급으로 확산된 SNS 등으로 인해 독서 시간이 줄어드는 현상은 세계적인 추세다. 주당 근무 시간 단축으로 늘어난 여유 시간을 대다수가 순간의 재미를 위해서 소모하고 있다.

고등학교 동창 중에 외과의사인 친구가 있다. 그는 학창 시절 지독한 독서광이었는데, 아르헨티나 출신의 혁명가인 체 게 바라를 알게 된 뒤부터 그의 추종자가 되었다. 방송국 PD가 꿈이었던 그는 외사의사가 되어 제3세계를 돌아다니며 가난한 아이들을 무료로 치료해주겠다고 결심했다. 고2 여름방학 전까지만 해도 중상위권이었던 친구는 밤잠을 물리치며 공부했고, 의대에 합격해서 주변 사람들을 놀라게 했다.

길고 긴 공부를 마친 그는 대학병원에서 근무하다가 개원했다. 30대 때는 가끔씩 제3세계 국가로 의료봉사도 떠나곤 했지만 40대가 되면서부터는 그마저도 그만두었다. 그는 언제부터인가 그토록 좋아하던 책도 멀리한 채 틈만 나면 골프채를 잡았다.

"요즘 어떻게 지내? 일은 재미있어?"

"재미로 해? 먹고살려고 하는 거지!"

고등학교 다닐 때 꿈을 이야기하던 친구의 눈동자 속에는 '반짝이는 빛'이 있었다. 그러나 언제부터인가 그 빛이 완전히 사라졌다. 보이는 거라곤 깊이조차 측정할 수 없는 깜깜한 어둠뿐이다.

그는 과연 꿈을 이룬 걸까?

친구의 꿈은 의사면허가 아니었다. 의사가 되어서 의료 봉사를 통해 인류에 공헌하는 것이었다. 그는 마음껏 꿈을 펼치지 못하고, 어렵게 들어선 꿈의 입구에서 주저앉아버린 케이스다.

괴테와 함께 독일 고전주의의 2대 문호로 불리는 프리드리히 실러는 이렇게 충고했다.

"당신이 젊은 시절 꿈꾸었던 것에 충실하라."

그러나 꿈에 충실한 사람은 많지 않다. 약자를 보호하기 위해서 변호사가 되었지만 정작 현실은 강자 편에 서서 약자를 공격하고, 빈자를 돕기 위해 기업가가 되었지만 정작 현실은 부를 축적하는 데만 관심이 있을 뿐이다.

사람들이 꿈을 버리고, 쉽게 현실에 안주해버리는 이유는 무엇일까?

가장 큰 이유는 배움을 멈추기 때문이다. 한 번의 성공은 우연히도 찾아올 수 있다. 그러나 그 성공을 기회로 삼아 계속 발전하고, 꿈을 마음껏 펼치기 위해서는 끊임없이 공부해야 한다. 어떤 분야든 간에 공부를 등한시하면 도태될 수밖에 없다.

리처드 바크의 아들이자 컴퓨터 소프트웨어 테스팅 분야의 유명 인사인 제임스 마커스 바커의 학력은 고등학교 중퇴가 전부다. 공부가 싫어서 학교를 그만둔 게 아니라 진짜 공부가 하고 싶어서 학교를 그만뒀다는 그는 특수학교에서 초청 강연을 할 때 이렇게 말했다.

"학교는 잠깐 다니고 졸업하면 그만이지만 배움은 그렇지 않습니다. 인생을 꽃피우고 싶다면 확 끌리는 분야를 찾아서 미친 듯이 파고들어야 합니다. 누군가 날 가르쳐주겠지, 라는 기대는 접으세요. 열정이 넘쳐야 스승이 나타납니다."

그는 어린 나이에 애플의 매니저가 되었고, 대졸자들을 따라잡기 위해 관련 서적을 닥치는 대로 읽었다. 석·박사 출신들이 공부가 끝났다고 생각하고 있을 때 그는 쉬지 않고 공부했고, 그들을 멀찌감치 따돌리며 그 분야의 1인자가 되었다.

아시아 최고 부자인 청쿵그룹 회장 리카싱 역시 중학교를 중퇴했지만 독학으로 평생을 공부했다. 그는 <조선일보> 홍콩 특파원과의 인터뷰에서 성공 비결에 관하여 이렇게 말했다.

"첫째는 열심히 일하고 인내력과 강한 의지를 갖는 것입니다. 그러나 이것만으로는 충분하지 않아요. 더 중요한 것은 지식(knowledge)입니다. 특히 자신의 비즈니스 분야에서 가장 업데이트된 지식을 가져야 합니다. 나아가 현재를 넘어 미래에 자기의 비즈니스가 어떻게 발전할지에 대한 지식은 필수적입니다. 세 번째는 정직과 신뢰로 자신에 대한 좋은 평판(reputation)을 쌓는 것입니다."

기업이 정체되지 않고 발전하기 위해서는 '자신의 비즈니스 분야에서 가장 업데이트된 지식'은 필수다.

"독서가 내 인생을 바꿨습니다."

"하버드 졸업장보다 독서하는 습관이 더 중요합니다."

독서보다 재미있는 것들이 주변에 널려 있다 보니, 오프라 윈프리와 빌 게이츠의 고백마저도 '소귀에 경 읽기'처럼 들리는 세상이다.

첨단 기기가 많다는 것은 세상이 빠르게 변화하고 있다는 증거다. 그것은 곧, 배움을 멀리하면 할수록 성공에서 멀어진다는 뜻이다. 배움을 멈출 때 인간은 죽고, 기업은 무너진다. 지금 이 순간에도 수많은 기업과 수많은 사람이 현장에서 도태되고 있다.

지금 단순한 재미를 위해 스마트폰을 터치하며 시간 보내고 있는가? 그렇다면 그것을 내려놓아라. 스마트폰 대신 책을 들어라!

We Call It Life
Because It Is Not Perfect

# 부록

43 Thoughts Which Wins The World

# 대인관계를
성공적으로 이끄는
10가지 비결

# 대인관계를
# 성공적으로 이끄는 10가지 비결

**하나, 웃으면서 환대한다.**

대인관계의 기본은 환대에서 시작된다. 나의 반응에 따라 그날 만남의 날씨가 정해진다고 할 수 있다. 웃는 얼굴로 대하면 상대방도 웃고, 찡그린 얼굴로 대하면 상대방도 찡그린다. 환한 웃음은 상대방도 기분 좋게 하지만 나 역시 기분이 좋아진다. 모든 일을 술술 풀리게 하려면 유쾌하게 시작할 필요가 있다.

환대하려면 약속 시간보다 먼저 나가야 한다. 윗사람이 나타나면 자리에서 일어나 미소와 함께 깍듯하게 인사를 건네는 게 좋고, 동기나 아랫사람일 때는 손을 번쩍 들어올린다든가 포옹이나 악수를 하는 게 좋다. 남녀노소를 떠나서 스킨십은 친밀감을 높여준다.

둘, 진실하게 대한다.

진실은 사람이 지닐 수 있는 최고의 재산이다. 말을 의도적으로 유창하게 하거나 재미있게 하는 것도 좋지만 진실을 외면해서는 안 된다. 진실을 간과하는 순간, 상대방의 열린 마음이 자동문처럼 스르르 닫히기 때문이다. 중요한 순간이라면 다소 말이 어눌하고 유머 감각이 부족할지라도 진실이 훼손되지 않도록 신경 써야 한다.

진실은 백 마디 말보다는 한 번의 행동을 통해 효과적으로 전달된다. 물론 앙드레 지드가 말했듯, 진실도 때로는 우리를 다치게 한다. 그러나 그것은 머지않아 치료받을 수 있는 가벼운 상처다. 상처가 치유되면 대인관계는 예전보다 결속력이 강해진다.

셋, 시녀가 된다.

대인관계는 나보다 나이가 많고 적음을 떠나서 수평적으로 하는 게 바람직하다. 수직적인 대인관계는 윗사람은 뭔가 해줘야 할 것 같아서 불편하고, 아랫사람은 왠지 눈치가 보이는 것 같아 불편하다. 그러나 마음속으로는 상대방을 나보다 한 단계 높은 자리에 두는 게 좋다. 그래야만 궂은일이나 번잡한 일이 생겨도 기꺼이 앞장서서 하게 되고, 상대방이 다소 섭섭하게 대해도 마음의 상처를 입지 않는다.

은근히 떠받들면, 상대방은 자신이 소중한 사람이 된 것만 같은 기분이 들기 때문에 자주 만나고 싶어 한다. 대인관계에서 고개를 뻣뻣하게 치켜드는 사람은 위신을 챙기고, 숙이는 사람은 실속을 챙기는 법이다.

### 넷, 긍정적인 마인드를 지닌다.

왠지 가까이하기 싫고, 만나기 싫은 사람이 있다. 곰곰이 생각해보면 그런 사람은 대개 부정적인 마인드를 지니고 있다. 생각은 전염성이 높다. 내가 부정적으로 생각하면 상대방도 부정적으로 생각하고, 내가 긍정적으로 생각하면 상대방도 긍정적으로 생각한다. 그래서 설득의 달인들은 협상에 들어가기 전에 상대방으로 하여금 고개를 끄덕이게 하거나 'YES' 같은 긍정적인 신호를 이끌어낸다.

긍정적인 마인드의 소유자는 도전정신이 강해서 힘든 상황이 닥쳐도 쉽게 포기하지 않는다. 자신의 능력으로 안 되면 상대방의 잠재된 능력을 일깨워서라도 불가능해 보이는 일을 성사시킨다. 긍정적인 마인드는 대인관계 자체를 행복하게 한다.

### 다섯, 칭찬을 자주 한다.

칭찬도 일종의 습관이다. 세상에는 칭찬에 인색한 사람도 많고, 아부와 칭찬을 구분하지 못하는 사람도 많다. 아부란 '힘

있는 자에게 잘 보이기 위한 입에 발린 말'로써 나의 이익을 위한 것이고, 칭찬은 '원만한 대인관계를 위해 상대방을 기분 좋게 만드는 말'로써 상대방을 위한 것이다. 따라서 입에 발린 말이 아닌 마음에서 우러나는 칭찬을 해야 한다. 상대방이 이미 소유하고 있는 것이나 일의 결과보다는, 도전이나 일 처리 과정에서 잘한 점 등을 구체적으로 칭찬해주는 게 좋다.

인간은 누구나 인정받고 싶은 욕구를 지니고 있다. 작은 칭찬일지도 자주 듣다 보면 인정받고 있다는 생각이 들기 때문에 더 좋은 관계를 만들기 위해 노력하게 된다.

### 여섯, 공통점을 발견한다.

죽마고우란 '유년 시절의 추억을 소중한 자산으로 갖고 있는 사이'를 일컫는다. 인간은 낯선 사람에게는 경계심을 느끼지만 심리적으로 익숙해지면 동지의식과 함께 편안함을 느낀다. 대인관계에서 두 사람의 차이점은 시간을 갖고서 차차 갚아나가야 할 빚이라면, 공통점은 두 사람의 자산이나 마찬가지다.

좋은 관계를 유지하고 싶다면 공통점부터 찾아야 한다. 자라온 환경부터 가족관계, 학교, 성격, 취미, 종교, 사상 등등에 이르기까지 하나하나 비교해가며 공통점을 차분히 발굴할 필요가 있다. 공통점이 생기고, 적이 아닌 같은 편이라는 의식이 싹터야 비로소 마음이 열린다.

**일곱, 대화 시 상대방이 7할을 말하게 한다.**

사람들은 대체적으로 듣는 쪽보다는 말하는 쪽을 더 선호한다. 대인관계에서는 서로의 입장이 있을 수밖에 없다. 따라서 말을 많이 하다 보면 주도권을 쥔 듯한 착각에 사로잡혀 기분이 좋아진다. 경청은 충분히 존중받고 있다는 느낌과 동시에 나를 이해해주고 있다는 느낌을 전해주는 고도의 대화술이다.

상대방이 이야기할 때는 상체를 내밀고 정면을 주시해야 한다. 적절히 고개를 끄덕이거나 눈을 맞추면서 추임새를 넣되, 말을 중간에서 가로막아선 안 된다. 하나의 스토리가 완전히 끝나면 적절한 질문을 던져 상대로 하여금 충분히 말하도록 유도할 필요가 있다. 내가 이야기를 할 때 상대방과 비슷한 표현을 쓰게 되면 친밀감은 한층 높아진다.

**여덟, 가끔씩 간단한 부탁을 한다.**

대인관계는 면도날로 그은 듯 심플하고 깔끔한 쪽보다는 작은 물건이라도 서로 오가는 쪽이 좋다. 심플한 대인관계는 겉보기에는 좋아 보이지만 서로에게 관심이 없다는 징표다. 좋은 대인관계는 '서로에게 도움을 주고받는 사이'를 의미하기 때문에 미리부터 연습해둘 필요가 있다.

부탁을 하게 되면 상대방의 마음속에 공간이 생겨서 내가 들어갈 틈이 생긴다. 한 가지 명심할 점은 상대방을 어느 정도

파악하고 난 뒤에 부탁을 해야 한다는 것이다. 그래야 번거롭거나 상대방을 곤혹스럽게 하는 부탁을 피할 수 있다. 가능하다면 상대방이 솜씨를 뽐낼 수 있거나, 흔쾌히 들어줄 수 있는 부탁이면 좋다. 상대방이 부탁을 들어줬을 때는 반드시 감사 인사를 하되, 진심을 느낄 수 있게끔 충분히 해야 한다.

**아홉, 상대방의 이익을 먼저 생각한다.**

대인관계를 맺는 까닭은 모르는 사이로 지내기보다 알고 지내는 편이 서로에게 유리하기 때문이다. 대인관계를 하다 보면 공동의 이익이 생길 수 있는데, 나의 이익부터 먼저 챙기면 반드시 원망을 듣게 된다. 인간은 습관적으로 비교하는 동물이다. 나의 이익을 먼저 챙길 경우, 상대방으로서는 대인관계를 통해 오히려 손해를 본 기분이 든다.

세상의 중요한 일들은 대인관계 속에서 이루어진다. 부자가 되고 싶다면 나의 이익보다 상대방의 이익을 먼저 챙겨줘야 한다. 주변 사람들에게 많은 이익이 돌아가게 하면 할수록 부자가 될 확률 또한 높아진다. 인간이 비록 이기적인 동물이기는 하지만 자신의 이익을 먼저 챙겨주는 사람은 배신하지 않는다.

**열, 상대방이 가장 원하는 것을 준다.**

모든 대인관계에는 핵심이 있다. 그 핵심을 유심히 들여다

보면 상대방이 무엇을 원하는지 알 수 있다. 같이 일을 하는 동료는 물론이고, 설령 협상관계로 만났다 하더라도 상대방이 원하는 것을 찾아서 주고, 내가 원하는 것을 받으면 된다. 내가 원하는 것과 상대방이 원하는 것이 겹칠 수도 있다. 그러나 대인관계는 제로섬 게임이 아니다. 다양한 방법을 동원하여 '상대방에게 원하는 것을 줄 수 없을까?' 하고 고민하다 보면 분명 답을 찾을 수 있다. 왜냐하면 인간은 생각이 다르고, 추구하는 가치가 다른 동물이기 때문이다.

상대를 최대한 배려하면서 가장 원하는 것을 찾아주면, 내가 원하는 것을 얻게 될 확률 또한 높아진다. 상대방이 나를 '이 세상에서 몇 안 되는 고마운 사람'으로 생각한다면, 성공한 대인관계라고 할 수 있다.

# 완벽하지 않기에
# 인생이라 부른다

초판 1쇄 인쇄 2014년 1월 2일
초판 1쇄 발행 2014년 1월 10일

지은이 | 한창욱
펴낸이 | 전영화
펴낸곳 | 다연
주　소 | (121-854) 경기도 파주시 문발동 535-7 세종출판벤처타운 404호
전　화 | 070-8700-8767
팩　스 | (031) 814-8769
이메일 | dayeonbook@naver.com
본문 | 미토스
표지 | 김윤남
ⓒ 한창욱

ISBN 978-89-92441-46-9(03320)

### 3년 후 당신이 후회하지 않기 위해
### 지금 꼭 해야 할 일들

오타니 고세이 지음 | 박재현 옮김 | 정가 13,000원

### 내 편이 아니라도
### 적을 만들지 마라

스샤오옌 지음 | 양성희 옮김 | 정가 15,000원

### 마흔
### 제갈량의 지혜를 읽어야 할 때

쌍찐롱 지음 | 박주은 옮김 | 정가 18,000원

### 멋지게
### 내 인생을 사는 법

스샤오옌 지음 | 양성희 옮김 | 정가 15,000원

### 위로받고 싶은 마흔
### 벼랑 끝에 꿈을 세워라

김상철 지음 | 정가 13,000원

### 은행 사용 설명서
최성우 지음 | 정가 15,000원

### 적을 만들지 않는
### 인간관계의 비밀
루비 우쯔핑 지음 | 하진이 옮김 | 정가 13,000원

### 사랑받는 여자
### 인정받는 여자
왕쥔윈 지음 | 한지선 옮김 | 정가 14,000원

### 욱하는 성질 죽이기
로널드 T. 포터 에프론 지음 | 전성로 옮김 | 정가 13,000원

### 잘나가는 여자 서른을 디자인하라
서정현 지음 | 정가 14,000원

## 인생을 바르게 보는 법
## 놓아주는 법 내려놓는 법
쑤쑤 지음 | 최인애 옮김 | 정가 15,000원

## 세상 모든 부부는
## 행복하라
김홍식 지음 | 정가 15,000원

## 사랑이 내게
## 아프다고 말할 때
이명섭 지음 | 정가 13,000원

## 채움
## 세상의 모든 빈자리를
김홍식 지음 | 정가 13,000원

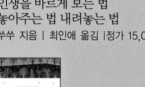

## 지치고 힘들 때
## 그리고 행복한 순간에도
박성철 지음 | 정가 12,000원

## 행복비타민
박성철 지음 | 정가 14,000원

## 한국인을 위한 탈무드
박성철 지음 | 정가 13,000원

## 그리운 당신 아버지
한창욱 지음 | 정가 14,000원